Keltische Kochbarkeiten

Achim Werner

Keltische Kochbarkeiten

Mit 60 Rezepten vom „Fünf-Steine-Koch“

THEISS

Meinen Eltern

Bibliografische Information der Deutschen Nationalbibliothek
Die Deutsche Nationalbibliothek verzeichnet diese Publikation in der Deutschen Nationalbibliografie; detaillierte bibliografische Daten sind im Internet über http://dnb.d-nb.de abrufbar.

Umschlaggestaltung: Stefan Schmid Design, Stuttgart, nach einem Entwurf von Jens Dummer und David Eichler

3. Auflage 2011

Lektorat: Petra Mayer-Zick, München
Gestaltung u. Satz: Karin Hauptmann, Katrin Kleinschrot, Stuttgart
Druck und Bindung: Offizin Andersen Nexö, Leipzig

ISBN 978-3-8062-2085-8

Inhalt

Vorwort 8

Erläuterungen zu den Rezepten 12

Brote

Möhrenbrot 20

Dinkelbrot mit Bärlauch 21

Thymianbrot 22

Dinkelbrot mit Haselnüssen und Mohn 23

Gemüse und Zwischenmahlzeiten

Wildkräuterrührei mit Speck 30

Pilzragout 31

Quarkbratlinge mit Haselnüssen 32

Möhrenbratlinge mit Ei und Thymian 33

Dinkelpfannkuchen mit Bärlauch und Schafskäse 34

Schafskäsebällchen mit Dinkel und Dost 35

Brennesselgemüse mit pochierten Eiern 36

Suppen

16 Bärlauchsuppe

17 Brennesselsuppe mit Wiesenkerbel

18 Apfel-Möhren-Suppe mit Met und Dill

19 Brennessel-Giersch-Suppe mit Lachs

Salate

24 Feldsalat mit Himbeeren und Speck

25 Kohlsalat mit Äpfeln, Kochschinken und Dost

26 Eiersalat mit Rettich und Speck

27 Schwarzwurzelsalat mit Giersch, Lauch und Ziegenkäse

28 Bohnensalat mit Scharbockskraut

29 Raukesalat mit Roastbeef und Birnen

Hirse mit Kresse 37
Möhrengemüse mit Waldhonig, Mohn und Thymian 38
Brennesseleintopf mit Erbsen und Wurst 39
Ritschert 40

Fleisch, Fisch, Huhn und Wild

41 Schweinegulasch mit Möhren und Thymian
42 Keltische Wurstpfanne
43 Rinderfilet in Bier-Kresse-Sauce
44 Pochierte Rinderhüfte in Weinsauce
45 Lammlachse mit Champignon-Kräuter-Kruste
46 Schweinefilet in Schinken-Kresse-Mantel
47 Geschmorte Kalbsleber mit Salbei
48 Sauerbraten vom Ochsenschwanz
49 Rinderrouladen mit Bohnen-Lauch-Püree-Füllung
50 Flusskrebsschwänze in Wiesenschaumkrautsauce
51 Fischeintopf
52 Lachssteaks vom Grill mit Raukepesto
53 Welsfilets mit Dillkruste
54 Hähnchenleber mit Linsen
55 Hähnchenbrustfilets in Steinpilz-Bärlauch-Sauce
56 Hähnchenschenkel in Waldmeister-Met-Sauce
57 Hirschgulasch in Holundersauce
58 Rehrücken in Metmarinade
59 Wildschweinkeule mit Linsen in Bier

60 Gegrillte Nackenkoteletts mit Wildkräutersauce
61 Grillkoteletts mit Rettich-Kresse-Sauce
62 Gegrillte Rinderleber mit Apfel-Speck-Sauce
63 Rumpsteaks mit Erbsen-Minze-Püree
64 Gegrillter Schweinebauch mit Möhren-Met-Sauce
65 Rumpsteaks mit Pfifferlingsauce
66 Gegrillter Schweinebauch mit Brombeersauce
67 Gegrillte Koteletts mit Blutwurstsauce
68 Salbeibratwurst mit Bärlauchsenf

Süßspeisen

Dinkelkringel mit Honig und Mohn 69
Apfel-Mohn-Hirse 70
Himbeeren mit Minze in Sauerrahm 71
Honigquark mit Haselnüssen und Birnen 72
Karamelisierte Weintrauben mit Apfelmus 73

Getränke

74 Wildkräutertee
75 Met

Bestimmungshilfe für Wildkräuter 76
Fürstenmahl und Bauernbrot 82
Glossar küchentechnischer Begriffe 90
Zum Weiterlesen 93
Danksagung 94
Zum Autor 95
Rezeptverzeichnis alphabetisch 96

Vorwort

Der derzeit deutlich zunehmende Marktanteil von Bio- und Naturkostläden sowie das damit verbundene wachsende Angebot an Produkten aus kontrolliert ökologischem Landbau ist bemerkenswert. Eine wachsende Zahl von Verbrauchern hat inzwischen festgestellt, dass dorther kommende Kultur- und auch Wildpflanzen sowie Tierprodukte gegenüber den industriell angebauten Kulturpflanzen und der entsprechenden Tierhaltung einfach eine bessere Qualität besitzen. Wenn sich also Achim Werner seit längerem experimentell mit Fragen prähistorischer Ernährung beschäftigt, so folgt er auch vorliegend einer Tendenz, „mögliche Kochrezepte der Kelten realitätsnah nachzuempfinden und für unsere heutige Küche praktikabel umzusetzen."
Bei seinen Zutaten orientiert er sich an bislang archäologisch nachweisbaren und auch erhaltenen Pflanzen- und Tierresten, die Rückschlüsse auf die Ernährung der Kelten erlauben. Sie sind die einzige Quellenbasis, denn überlieferte keltische „Kochrezepte" gibt es nicht. Immerhin lässt sich so viel sagen, dass die grundsätzlich auf Ackerbau und Viehzucht basierende Ernährungsgrundlage der Kelten regional und zeitlich unterschiedliche Schwerpunkte besaß.

So haben umfangreiche und fundierte Forschungen der letzten Jahrzehnte – etwa im Rheinland – ergeben, dass in der frühen und mittleren Eisenzeit (5. – 2. Jh. v. Chr.) an Kulturpflanzen die Spelzgetreide (Gerste) gegenüber den Hirsearten zunahmen und auch die Hülsenfrüchte neben Lein und Leindotter häufiger angebaut wurden. Dagegen ist dann seit der Mitte des 2. Jahrhunderts v. Chr. eine Zunahme der Grünlandwirtschaft, also der Viehzucht erkennbar. Der Anbau der Hirsearten geht zurück, während Spelz- und Nacktgerste, Emmer, Dinkel, Nacktweizen und Hafer ebenso angebaut werden wie Erbsen, Bohnen, Lein, Leindotter und Schlafmohn. Ab dem 2. Jahrhundert n. Chr. sollte dann der Dinkel das bevorzugt produzierte Getreide der römischen Landwirtschaft des Rheinlands werden. Auch ist beispielsweise für das hessische Gebiet in keltischer Zeit feststellbar, dass Spelzgetreide (Gerste), Hülsenfrüchte und Ölpflanzen (Lein und Leindotter) einen wesentlichen Anteil als Kulturpflanzen erlangten, wobei übrigens die Gerste auch im germanischen Raum der letzten vorchristlichen Jahrhunderte an Bedeutung zunahm. Die bodennahe Ernte des Getreides und somit des Strohs und die wohl fehlende Düngung der Felder mag übrigens einen Fruchtwechsel von Getreide und Hülsenfrüchten (mit ihren Stickstoffanreicherungen des Bodens) notwendig gemacht haben.

Dabei hat sich das Klima, das sich im Laufe des letzten Jahrtausends v. Chr. mehrfach änderte, kaum als bestimmender Faktor der Kulturpflanzenwahl im keltischen Raum ausgewirkt. Denn die typischen Kulturpflanzen Gerste, Hirse und Leindotter wurden in ganz unterschiedlichen Landschaften des keltischen Europas angebaut.
Zum regelmäßigen Verzehr hatten die Kelten also eine sehr ausgewogene Ernährungsgrundlage, die aus verschiedenen Arten von Getreide, Ölpflanzen, Hülsenfrüchten, Frischgemüse und Frischobst sowie tierischen Produkten bestand. Allein die Vielzahl der Kulturpflanzen garantierte den damaligen Menschen eine reichhaltige und sichere Lebensbasis.
Dabei waren Linsen-Wicken, Erbsen, Linsen, Ackerbohnen, Dinkel und Hirse eher im mittleren und südlichen Mitteleuropa verbreitet. Die Hirse eignete sich wie auch die Gerste mehr als Breiprodukt, die Gerste vielleicht auch zur Bierherstellung.
Die kleberreichen Getreide Einkorn, Emmer und Dinkel sowie der Nacktweizen waren dagegen als Brotgetreide geeignet. Daneben wurden natürlich auch Nutz- und Haustiere wie Pferde, Rinder, Schafe und Ziegen gehalten und besonders beliebte Fleischlieferanten waren die Schweine. Auch Hundefleisch wurde verzehrt und das Haushuhn war ein neues, seit der Hallstattzeit gezüchtetes Federvieh. Jagd und Fischfang spielten bei den Kelten dagegen keine besonders große Rolle, soweit wir es aus Funden wissen.

Da die Kelten keine Geschichtswerke besaßen, obwohl sie für gelegentliche Aufzeichnungen die griechische Schrift verwendeten, gingen alle mündlichen Traditionen verloren. Gäbe es beispielsweise nicht die von Caesar aus seiner Sicht als Feldherr und Staatsmann auf das linksrheinische Gebiet bezogenen Aussagen der Jahre 60–50 v. Chr., so wüssten wir über das Naturvolk der Kelten gewiss noch weitaus weniger. Wie ein Puzzlespiel überliefern eher die archäologischen Quellen ein halbwegs verlässliches, aber unvollständiges Lebensbild der Kelten. Die ebenfalls bruchstückhaft erhaltenen schriftlichen Zeugnisse zu den Kelten stimmen zumindest mit den archäologischen dahingehend überein, dass sich nordwärts der mittelmeerischen Kulturen ab dem späten 6. Jahrhundert v. Chr. und unter besonderem Einfluss vor allem der Etrusker zwischen Seine und Moldau, Alpenrand und deutschem Mittelgebirge in einer Art Kristallisationsprozess die „Kelten" herausbildeten. Die Sozialstrukturen, das Totenbrauchtum, die Trachteigentümlichkeiten und die Stabilität der „Grenzen" erzeugten jedenfalls ein eigenständiges Kulturgefüge, das aus der westlichen „Späthallstattkultur" des 6. Jahrhunderts v. Chr. hervorging.
Es entsteht unter mittelmeerischer Anregung eine aufblühende gemeinsame keltische Kunst, die von einer aristokratischen bis feudal geprägten Stammesstruktur gefördert wird und die durch Ausbeutung hochwertiger Roteisenerze besonders im Rheinischen Schiefergebirge zu einem merkbaren Aufschwung führt.

Bereits 400 v. Chr. erfolgt jedoch ein radikaler, krisenhafter Umbruch, der diese feudale Gesellschaft beseitigt und Wanderungsbewegungen auslöst. Kelten besiedeln nun große Teile der Poebene bis zur mittleren Adriaküste und belagern Rom 387 v. Chr. Sie setzen als „Galater" 278 v. Chr. sogar über den Hellespont und besiedeln Teile Kleinasiens. Diese expansive Phase dauerte allerdings nicht lange. Denn indem Rom zunehmend an Boden gewann und zudem in Osteuropa ausgelöste germanische

Wanderungsbewegungen einsetzten, geriet das nie zu einem Staatsverband, sondern nur zu frühurbanen Strukturen gelangte keltische Stammland im 2. und 1. Jahrhundert v. Chr. unter zunehmenden Druck von außen. Die keltische Selbständigkeit endete spätestens 61 n. Chr. in Britannien und nur in Wales, Nordschottland, Irland und in der Bretagne blieben keltische Sprache und keltisches Volkstum bis heute erhalten.

Umso faszinierender bleibt die Erforschung der Kelten, deren mindestens fünf Jahrhunderte lang währende Geschichte auf dem europäischen Kontinent heute so gut wie vergessen ist. Und es ist sicherlich müßig zu fragen, was denn aus "Europa geworden wäre, wenn nicht die Römer und dann die Germanen den Weg bis in unsere Gegenwart bestimmt hätten." So formulierte es jedenfalls 1980 einmal Ludwig Pauli, der zu früh verstorbene, ideenreiche Erforscher keltischer Zeiten.

Prof. Hans-Eckart Joachim, Bonn

Erläuterungen zu den Rezepten

Die mir häufig gestellte Frage: „Gibt es denn überhaupt original keltische Kochrezepte?“ muss ich eindeutig mit „Nein“ beantworten. Die einzigen auswertbaren Hinweise zur keltischen Küche liefern allenfalls die Berichte antiker Schriftsteller und die Auswertung archäologischer Quellen und naturwissenschaftlicher Untersuchungsergebnisse. Also blieb mir nur eine Möglichkeit, mich den kulinarischen Genüssen dieser Epoche anzunähern: Eine detaillierte Spurensuche, gepaart mit einem gewissen Maß an Einfühlungsvermögen, Phantasie und Experimentierfreudigkeit. In diesem Sinne möchte ich auch die im Folgenden aufgeführten Rezepte verstanden wissen. Hierbei handelt es sich keinesfalls um archäologische Experimente, ich habe lediglich versucht, mögliche Kochrezepte der Kelten realitätsnah nachzuempfinden und für unsere heutige Küche praktikabel umzusetzen. Wichtig war mir hierbei die Orientierung am aktuellen Forschungsstand unter Berücksichtigung der damals verfügbaren Lebensmittel, sowie deren Konservierungs- und Zubereitungsmöglichkeiten. Bei der Zusammenstellung der Zutaten für die einzelnen Rezepte habe ich besonders darauf geachtet, dass viele Nahrungsmittel aufgrund der früher stark eingeschränkten Konservierungsmöglichkeiten nur saisonal zur Verfügung standen. Des Weiteren habe ich aus wohl für jedermann nachvollziehbaren Gründen großen Wert darauf gelegt, keinerlei Tiere oder Pflanzen zu verwenden, die mittlerweile vom Aussterben bedroht sind und deshalb unter Artenschutz stehen. Im Falle von ungewöhnlichen bzw. schwierig zu beschaffenden Zutaten habe ich auf geeignete Alternativen hingewiesen. Viele Rezeptzutaten bestehen aus Wildpflanzen und Wildkräutern, die vielleicht nicht allen Leserinnen und Lesern bekannt sind.

Deshalb meine dringende Bitte, aus Sicherheitsgründen beim Pflanzensammeln immer ein zuverlässiges Bestimmungsbuch (siehe Literaturliste) zu Rate zu ziehen, um Verwechselungen mit Giftpflanzen eindeutig und sicher ausschließen zu können. Als ersten Einstieg in die

Thematik ist die im Anschluss an den Rezeptteil folgende „Bestimmungshilfe für Wildkräuter" gedacht, die aber keinesfalls geeignet ist, ein Pflanzenbestimmungsbuch zu ersetzen.

Prinzipiell sollen Wildkräuter immer nur an Orten gesammelt werden, die nicht durch Verunreinigungen wie z.B. Hundekot und -urin, Müllablagerungen, Abgase des Straßenverkehrs, Düngemittel, Pestizide oder andere Schadstoffe belastet sind. Ein besonderes Problem stellt vielerorts der Befall von Pflanzen mit den Eiern des Kleinen Fuchsbandwurms dar, der den schönen wissenschaftlichen Namen Echinococcus multilocularis trägt. Dieser Parasit lebt häufig im Darm von Rotfüchsen, die mit ihrem Kot die mit bloßem Auge nicht sichtbaren Parasiteneier ausscheiden. Normalerweise dienen Mäuse und andere Nagetiere als Zwischenwirt, in seltenen Fällen kann aber auch der Mensch zum Zwischenwirt werden. Die Inkubationszeit kann bis zu zehn Jahre betragen, sodass es beim Auftreten der ersten Symptome für eine Heilung häufig zu spät ist. Aus diesem Grund sollten bodennah wachsende Pflanzenteile nur dann frisch verzehrt werden, wenn ein Befall mit Fuchsbandwurmeiern ausgeschlossen werden kann oder höchst unwahrscheinlich ist. Sichere Auskünfte dazu können in der Regel über die örtlichen Gesundheitsämter eingeholt werden. Als absolut zuverlässigen Schutz kann ich empfehlen, die Pflanzen abzukochen, da die Parasiteneier bei Temperaturen über 60 Grad absterben und damit nicht mehr infektiös sind.

Im Sinne des Naturschutzes sollte man nur Pflanzen sammeln, die an ihrem Standort in größeren Mengen vorkommen, so dass eine nachhaltige Schädigung des Bestandes ausgeschlossen ist. Da sicherlich niemand welke, verschmutzte oder von Schädlingen befallene Wildkräuter essen möchte, versteht es sich von selbst, diese nicht zu ernten und später zuhause zu entsorgen, sondern sie in der Natur zu belassen, wo sie immer noch ihren Zweck erfüllen. Ich persönlich bevorzuge junge Blätter, Sprossen und Triebe vor der Blütezeit, da sie später häufig bitter schmecken können. Abhilfe schafft hier das Einlegen oder Abkochen in Milch, das älteren Pflanzenteilen auch nach der Blüte die Bitterstoffe entzieht und sie damit wieder genießbar macht. Frische Wildkräuter sind nur zu bestimmten Jahreszeiten verfügbar, die meisten können aber durch Trocknen, Einlegen in Essig bzw. Öl oder Einfrieren konserviert werden. Bei Verwendung getrockneter Kräuter gilt im Normalfall die Faustregel, dass ein Teelöffel getrockneter Kräuter etwa einem Esslöffel frischer Kräuter entspricht. Mittlerweile sind auch viele Wildpflanzen frisch oder konserviert in Bioläden und Reformhäusern erhältlich, damit ist eine Entnahme aus der Natur vermeidbar. Darüber hinaus habe ich bei meinen Kochversuchen festgestellt, dass es in vielen Fällen möglich ist, ersatzweise kultivierte Küchenkräuter wie z.B. Petersilie oder Schnittlauch zu verwenden. Deshalb möchte ich in diesem Zusammenhang alle Leserinnen und Leser ermutigen, ihrer Experimentierfreudigkeit freien Lauf zu lassen und eigene Geschmackserlebnisse zu entwickeln. Grundsätzlich möchte ich aber darauf hinweisen, dass viele der heute angebauten Kulturpflanzen einem Vergleich mit ihren wild wachsenden Verwandten hinsichtlich der Wertigkeit ihrer Inhaltstoffe nicht oder nur bedingt standhalten. Die meisten Wildpflanzen sind würziger, ärmer an Wasser, eiweiß- sowie vitaminreicher und dadurch gesünder.

Ich habe sämtliche Rezeptvorschläge so konzipiert, dass sie problemlos sowohl auf offenem Feuer, Holzkohlegrill oder in nachgebauten Kuppelbacköfen aus Lehm als auch mit heutigen Küchengeräten realisiert werden können. Sofern nicht ausdrücklich anders angegeben, beziehen sich die Zutatenmengen auf Gerichte für vier Personen. Die Kochtemperaturen und Garzeiten gelten für moderne Gas- bzw. Elektroherde. Um diese Angaben möglichst exakt zu ermitteln und ein gutes geschmackliches Ergebnis zu erzielen, habe ich jede einzelne Rezeptur mindestens dreimal getestet. Bei den Grillgerichten wurde auf die Angabe von Garzeiten verzichtet, da die verschiedenen Grillgeräte wie Holzkohle-, Elektro- oder

Gasgrill höchst unterschiedliche Hitzeentwicklung produzieren und daher individuelle Garzeiten erfordern. Dies gilt auch bei der Verwendung von Zutaten wie Getreide oder getrockneten Hülsenfrüchten, also Erbsen, Linsen und Bohnen. Da der Lebensmittelhandel eine nicht überschaubare Vielzahl unterschiedlicher Produkte dieser Art anbietet, kann ich nur empfehlen, die Zubereitungshinweise auf der jeweiligen Verpackung zu beachten und entsprechend beim Nachkochen meiner Rezeptvorschläge zu berücksichtigen, da die Kochzeiten zum Teil beträchtlich variieren können. Weitere nützliche Hinweise zu den verschiedenen Zubereitungs- und Garmethoden habe ich im Anhang „Glossar küchentechnischer Begriffe“ zusammengestellt.

Abschließend möchte ich noch darauf hinweisen, dass ich bei der Erstellung und Auswahl der Rezeptfotos bewusst auf jegliche Form von Food-Design oder Styling verzichtet habe, um im wahren Sinne des Wortes ein originalgetreues Bild meiner Kochresultate zu vermitteln. Ich persönlich wurde früher häufig durch geschönte Hochglanzfotos in Kochbüchern zum Nachkochen der dort vorgestellten Rezepte animiert und war dann von den Ergebnissen zumindest optisch sehr enttäuscht. Diesen unnötigen Frust möchte ich den Leserinnen und Lesern dieses Buches auf jeden Fall von vornherein ersparen und wünsche stattdessen viel Spaß beim Ausprobieren und „Guten Appetit“.

Tipps und Tricks von Haureinaberfix

40 g **Bärlauch**
30 g **Butter**
100 g **Vollkornbrot**
0,5 l **Gemüsebrühe**
0,5 l **Wasser**

Zubereitung: Die Brühe aufkochen, den grob gehackten Bärlauch hinzugeben und für etwa 60 Minuten bei niedriger Hitze köcheln lassen, zwischenzeitlich immer mit etwas Wasser angießen. In Würfel geschnittenes Vollkornbrot in einem separaten Gefäß mit der Butter kross anbraten und als Croutons über die Suppe geben.

Bärlauchsuppe

Anstelle von frischem Bärlauch kann eine entsprechende Menge gefriergetrockneter Bärlauch oder auch frischer Knoblauch verwendet werden.

Brennesselsuppe mit Wiesenkerbel

100 g **Brennesseln**
30 g **Wiesenkerbel**
50 g **Giersch**
10 g **Bärlauch**
250 g **Sauerrahm**
0,5 l **Gemüsebrühe**
Salz (Menge nach Bedarf)

Zubereitung: Brennesseln, Wiesenkerbel, Bärlauch und Giersch waschen, trocken schütteln und sehr fein hacken. Brennessel und Giersch ca. 10 Minuten in der Brühe kochen, dann den Wiesenkerbel und Bärlauch zusammen mit dem Sauerrahm hinzugeben, nach Geschmack salzen und nochmals für 5 Minuten fortgaren.

600 g **Möhren**
2–3 **Äpfel**
15 g **Dill**
0,5 l **Met** (trocken)
0,5–0,6 l **Wasser**
2 TL **Salz**

Zubereitung: Die Möhren schälen und in dünne Scheiben schneiden. Dann die Äpfel würfeln und zusammen mit den Möhrenscheiben in Met, 0,5 l Wasser und Salz ca. 30–40 Minuten bei mittlerer Hitze weich kochen, pürieren und mit fein gehacktem Dill und Salz abschmecken.
Diese Suppe kann sowohl warm als auch gekühlt serviert werden.

Apfel-Möhren-Suppe mit Met und Dill

Brennessel-Giersch-Suppe
mit Lachs

120 g **Brennesseln**
120 g **Giersch**
150 g **Räucherlachs** (in Scheiben)
150 g **Sauerrahm**
0,7 l **Gemüsebrühe**
0,5 l **Wasser**

Zubereitung: Brühe aufkochen, gewaschene, trocken geschüttelte und grob gehackte Brennessel- und Gierschblätter hineingeben, mit 0,5 l Wasser angießen und ca. 30 Minuten bei mittlerer Hitze kochen. Dann den in dünne, 2–3 cm lange Streifen geschnittenen Lachs und den Sauerrahm zufügen und 3–4 Minuten bei niedriger Temperatur fortgaren.

Möhrenbrot

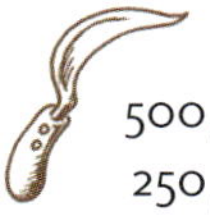

500 g **Weizenvollkornmehl** Type 1050
250 g **Möhren**
42 g **Hefe** (1 Block Frischhefe)
0,3–0,4 l **Wasser**
1 EL **Salz**
Weizenmehl Type 405
(Menge nach Bedarf)

Zubereitung: Die Möhren schälen, in feine Würfel hacken und zusammen mit dem Mehl, der zerbröckelten Hefe, Salz und 0,3 l lauwarmen Wasser zu einem glatten Teig kneten. In einem zugedeckten Gefäß für 30 Minuten an einen warmen Platz stellen. Danach auf einer bemehlten Arbeitsfläche nochmals gut durchkneten, zu 2 Brotlaiben formen und in mit Mehl ausgestäubten Körben mit Tüchern bedeckt warm halten. Anschließend die Teiglinge auf ein Backblech geben, auf der Oberseite mit einem Messer überkreuz einschneiden und im vorgeheizten Backofen 45–50 Minuten bei 220 Grad backen.

500 g **Dinkelvollkornmehl**
200 g **Bärlauch**
42 g **Hefe**
(1 Block Frischhefe)
0,2 l **Apfelessig**
2 EL **Leinöl**
0,2–0,4 l **Wasser**
1 El **Salz**
Weizenmehl Type 405
(Menge nach Bedarf)

Zubereitung: Bärlauch waschen, trocken schütteln und grob hacken. Aus Dinkelmehl, grob gehackten Bärlauchblättern, Apfelessig, zerbröckelter Hefe, Salz und 0,2 bis 0,4 l lauwarmen Wasser einen glatten Teig kneten. Den Teig für 30 Minuten in einer zugedeckten Schüssel warm stellen, danach auf einer bemehlten Arbeitsfläche gut durchkneten, zu einem Laib formen und in einem mit Mehl ausgestäubten Korb unter einem Tuch abgedeckt weitere 30 Minuten an einen warmen Ort stellen. Danach den Laib aus dem Korb auf ein Backblech geben und im vorgeheizten Backofen auf mittlerer Schiene 60–70 Minuten bei 220 Grad backen.

Dinkelbrot mit Bärlauch

Thymianbrot

500 g **Weizenvollkornmehl** Type 1050
12 g **Thymian** (getrocknet)
42 g **Hefe** (1 Block Frischhefe)
0,3–0,4 l **Wasser**
1 EL **Salz**
Weizenmehl Type 405 (Menge nach Bedarf)

Zubereitung: Thymian waschen, trocken schütteln und grob hacken. Mehl, Thymian, Salz und zerbröckelte Hefe mit 0,3–0,4 l lauwarmen Wasser zu einem glatten Teig rühren und für 30 Minuten zugedeckt warm stellen. Danach den Teig auf einer mit Mehl bestreuten Arbeitsfläche kräftig durchkneten, zu 2 Laiben formen und in mit Mehl ausgestäubten Körben für weitere 30 Minuten mit einem Tuch bedeckt an einen warmen Ort stellen. Anschließend die Brotlaibe auf ein Backblech geben, an der Oberfläche mit Wasser abstreichen, mit einem Messer mehrfach einstechen und im vorgeheizten Backofen bei 220 Grad ca. 35–40 Minuten backen.

Dinkelbrot mit Haselnüssen und Mohn

500 g **Dinkelvollkornmehl**
200 g **Haselnüsse** (gehackt)
65 g **Mohn** (gemahlen)
42 g **Hefe** (1 Block Frischhefe)
2 EL **Apfelessig**
2 EL **Honig**
0,3–0,4 l **Wasser**
1 EL **Salz**
Weizenmehl Type 405
(Menge nach Bedarf)

Zubereitung: Das Dinkelmehl mit den Haselnüssen, Mohn, Salz und zerbröckelter Hefe in 0,4 l lauwarmes Wasser einrühren und zu einem glatten Teig vermengen. Den Teig in einer mit Tüchern abgedeckten Schüssel für etwa 30 Minuten warm stellen. Danach den Teig aus der Schüssel auf eine mit Mehl bestreute Arbeitsfläche geben, gut durchkneten und zu einem Brotlaib formen, der dann auf ein Backblech gelegt wird. Den Laib mit Tüchern abdecken und 30 Minuten zur Stückgare an einen warmen Ort, z. B. vor den Ofen, legen. Anschließend im vorgeheizten Backofen bei 220 Grad 50 Minuten backen, kurz aus dem Ofen nehmen, mit einer Mischung aus Apfelessig und Honig an der Oberseite einstreichen. Danach zurück in den Ofen schieben und weitere 10–15 Minuten backen.

450 g **Feldsalat**
200 g **Schafskäse**
100 g **Haselnüsse** (gehackt)
300 g **Himbeeren**
200 g **Speck** (geräuchert)
0,1 l **Leinöl**
0,1 l **Apfelsaft** (naturtrüb)
0,1 l **Apfelessig**
1 TL **Salz**

Zubereitung: Speck in feine Würfel schneiden, kross anbraten und abkühlen lassen. Den Feldsalat putzen, gut waschen und abtrocknen. Dann den Schafskäse grob würfeln und alles zusammen mit den gehackten Haselnüssen und den gesäuberten Himbeeren vermengen. Aus Leinöl, Apfelsaft, Apfelessig und Salz ein Dressing zubereiten und über den Salat gießen. Vor dem Servieren ca. 10 Minuten ziehen lassen.

Feldsalat mit Himbeeren und Speck

Himbeeren sollen besser nicht gewaschen, sondern mit einem trockenen Pinsel gereinigt werden, da sie ansonsten sehr schnell matschig werden.

Kohlsalat mit Äpfeln, Kochschinken und Dost

Chinakohl ist die moderne Zuchtform des in keltischer Zeit verwendeten Feldkohls (Brassica rapa campestris). Als Ersatz für Dost kann die gleiche Menge Oregano oder Majoran verwendet werden.

1 Kopf	**Chinakohl**
8 g	**Dost** (getrocknet)
200 g	**Kochschinken**
1/2	**Apfel**
60 ml	**Leinöl**
75 ml	**Apfelessig**
1 TL	**Salz**

Zubereitung: Den Kohl waschen, abtrocknen und in feine Streifen schneiden. Kochschinken und Apfel in kleine Stücke schneiden und zusammen mit den Kohlstreifen und dem Dost vermengen. Aus Leinöl, Salz und Apfelessig ein Dressing herstellen, über den Salat geben und 10 Minuten ziehen lassen. Vor dem Servieren gut durchrühren.

12 **Eier** (hartgekocht)
400 g **Schwarzer Rettich**
40 g **Wiesenkerbel**
150 g **Speck** (geräuchert)
20 g **Schweineschmalz**
50 ml **Leinöl**
70 ml **Apfelessig**
70 ml **Met** (lieblich)
1 TL **Salz**

Zubereitung: Fein gewürfelten Speck in heißem Schmalz kross anbraten und abkühlen lassen. Die gekochten Eier und den geschälten Rettich in Würfel oder dünne Scheiben schneiden, Wiesenkerbel waschen, trocken schütteln, fein hacken. Eier, Rettich und Wiesenkerbel mit den Speckwürfeln mischen. Aus den restlichen Zutaten ein Dressing herstellen, über den Salat geben, gut durchrühren und vor dem Servieren etwa 30 Minuten ziehen lassen.

Eiersalat mit Rettich und Speck

Schwarzer Rettich ist relativ scharf; ersatzweise kann auch der mildere weiße Rettich verwendet werden.

Schwarzwurzelsalat mit Giersch, Lauch, Ziegenkäse

600 g **Schwarzwurzeln**
50 g **Giersch**
2–3 **Stangen Lauch**
250 g **Ziegenkäse**
100 g **Semmelbrösel**
1–2 **Eier**
0,15 l **Apfelsaft** (naturtrüb)
0,15 l **Met** (trocken-würzig)
1 TL **Salz**
Schweineschmalz (Menge nach Bedarf)
Wasser (Menge nach Bedarf)

Zubereitung: Eier verquirlen, darin den in ca. 1 cm starke Scheiben geschnittenen Ziegenkäse eintauchen und anschließend in Semmelbröseln wälzen. Den so panierten Ziegenkäse auf ein mit Schmalz gefettetes Backblech legen und im auf 200 Grad vorgeheiztem Backofen ca. 10 Minuten backen. In der Zwischenzeit die Schwarzwurzeln schälen und in Salzwasser bissfest garen, abkühlen lassen und in Stücke von 3-5 cm Länge schneiden. Giersch waschen, trocken schütteln, grob hacken und zusammen mit in Ringen geschnittenem Lauch blanchieren, ebenfalls abkühlen lassen. Danach aus Apfelsaft, Met und Salz ein Dressing herstellen und darin die Schwarzwurzeln, Giersch und Lauch kurz ziehen lassen. Abschließend gut durchmischen und mit den noch lauwarmen panierten Ziegenkäsestücken anrichten.

1 kg	**Dicke Bohnen**
70 g	**Scharbockskraut**
2	**Eier** (hartgekocht)
1 l	**Gemüsebrühe**
70 ml	**Leinöl**
0,1 l	**Apfelessig**
3 TL	**Salz**

Bohnensalat mit Scharbockskraut

Zubereitung: Die Bohnen in der Gemüsebrühe bissfest gar kochen, danach die Brühe abgießen und die Bohnen abkühlen lassen. Scharbockskraut waschen, trocken schütteln und fein hacken, danach mit den ebenfalls feingehackten Eiern, Apfelessig, Leinöl und Salz zu einem Dressing verrühren und über die Bohnen geben. Vor dem Servieren etwa 20–30 Minuten durchziehen lassen.

400 g **Rauke** (Rucola)
200 g **Roastbeef**
3 **Birnen**
120 g **Ackersenfsamen** (ersatzweise Senfsamen)
0,1 l **Apfelessig**
0,1 l **Leinöl**
150 g **Sauerrahm**
1 TL **Salz**

Zubereitung: Ackersenfsamen in geeignetem Gefäß 4–5 Tage feucht halten und keimen lassen, dabei täglich das Gefäß reinigen und die Senfkörner unter fließendem Wasser abspülen. Rauke waschen, abtrocknen und in 4–5 cm lange Abschnitte schneiden. Das in dünne Scheiben geschnittene Roastbeef in Stücke von etwa 2 cm Kantenlänge zerteilen, die Birnen waschen, entkernen und grob würfeln und anschließend alles mit den restlichen Zutaten vermischen. Vor dem Servieren 1–2 Stunden kühl stellen und durchziehen lassen.

Raukesalat mit Roastbeef und Birnen

Wildkräuterrührei mit Speck

12 **Eier**
20 g **Giersch**
15 g **Löwenzahn**
40 g **Wiesenkerbel**
30 g **Brennesseln**
10 g **Vogelmiere**
125 g **Speck** (geräuchert)
80 g **Butter**
1/2 TL **Salz**

Zubereitung: Wildkräuter waschen, abtrocknen und hacken. Die Eier mit dem Salz verquirlen, die Wildkräuter unterziehen, zusammen mit dem in feine Würfel geschnittenen Speck in die erhitzte Butter geben und unter ständigem Rühren garen.

350 g **Champignons**
300 g **Steinpilze**
200 g **Pfifferlinge**
250 g **Möhren**
250 g **Speck** (geräuchert)
10 g **Thymian** (getrocknet)
100 g **Butter**
150 g **Sauerrahm**
Salz (Menge nach Bedarf)

Zubereitung: Möhren schälen, fein würfeln und in etwas Butter bissfest andünsten. Die Pilze säubern, grob hacken und mit dem zuvor fein gewürfelten Speck und der restlichen Butter anbraten. Danach die gedünsteten Möhren, Sauerrahm sowie Thymian unterziehen und nochmals bei kleiner Flamme für 1–2 Minuten garen.

Pilzragout

Für 10–12 Bratlinge:

1 kg **Magerquark**
50 g **Haselnüsse** (gehackt)
20 g **Dost** (getrocknet)
130 g **Semmelbrösel**
2 **Eier**
125 g **Schweineschmalz**
2 TL **Salz**
Weizenvollkornmehl (Menge nach Bedarf)

Zubereitung: Sämtliche Zutaten mit Ausnahme von Mehl und Schmalz miteinander vermengen und zu einem Teig kneten, der dann zugedeckt in einer Schüssel für 1 Stunde ruhen muss. Danach von dem Teig mit einem Esslöffel einzelne Stücke abstechen und auf einer mit Mehl bestäubten Arbeitsfläche zu flachrunden Bratlingen formen. Anschließend die Bratlinge in heißem Schweineschmalz von beiden Seiten jeweils ca. 2–3 Minuten knusprig braun braten. Die Bratlinge können sowohl warm als auch kalt verzehrt werden.

Quarkbratlinge mit Haselnüssen

Möhrenbratlinge mit Ei und Thymian

Für 16–18 Bratlinge:

130 g	**Möhren**
250 g	**Weizenvollkornbrot** (ohne Kruste)
170 g	**Semmelbrösel**
1	**Ei**
5 g	**Thymian** (getrocknet)
0,5 l	**Fleischbrühe**
90 g	**Schweineschmalz**
1 TL	**Salz**
	Weizenvollkornmehl (Menge nach Bedarf)

Zubereitung: Die Möhren schälen und grob raspeln, dann das Vollkornbrot zerbröckeln und zusammen mit den Möhren, Ei, Semmelbröseln, Salz und Thymian in die Fleischbrühe geben, gut durchrühren und ca. 60 Minuten ziehen lassen.

Danach die Masse zu einem glatten Teig kneten und daraus auf einer bemehlten Arbeitsfläche flachrunde Bratlinge von etwa 6 cm Durchmesser und 2–3 cm Stärke formen. Bratlinge rundherum mit Mehl bestäuben und in heißem Schmalz auf beiden Seiten jeweils 6–8 Minuten braten, bis sie gut gebräunt sind. Die Bratlinge können wie Frikadellen sowohl warm als auch kalt verzehrt werden.

Für 4 Pfannkuchen:
250 g **Dinkelvollkornmehl**
80 g **Bärlauch**
150 g **Schafskäse**
2 **Eier**
1 TL **Salz**
Schweineschmalz (Menge nach Bedarf)

Zubereitung: Bärlauch waschen, trocken schütteln und grob hacken. Die Eier aufschlagen, verquirlen und mit Dinkelmehl, dem Bärlauch, zerbröckeltem Schafskäse, 0,5 l Wasser und Salz zu einem Teig vermengen. Eine Pfanne mit Schmalz einfetten, erhitzen und mit Teig füllen, bis der Pfannenboden gerade bedeckt ist. Den Pfannkuchenteig für 3–4 Minuten auf einer Seite anbraten, danach wenden und auf der anderen Seite nochmals für etwa 3–4 Minuten backen.

Dinkelpfannkuchen mit Bärlauch und Schafskäse

Schafskäsebällchen mit Dinkel und Dost

Für ca. 20 Käsebällchen:

200 g **Schafskäse**
30 g **Dinkel**
35 g **Sauerrahm**
4 g **Dost** (ersatzweise Oregano)

Zubereitung: Dinkelkörner weich kochen und ca. 12 Stunden quellen lassen. Dann den Dinkel mit dem Schafskäse, dem Sauerrahm und dem Dost zu einem Teig kneten und für 24 Stunden kühl lagern. Anschließend mit einem Esslöffel etwa walnussgroße Stücke von der Masse abstechen und zu Kugeln formen.

Brennesselgemüse mit pochierten Eiern

800 g **Brennesseln**
0,6–0,8 l **Gemüsebrühe**
8 **Eier**
Salz (Menge nach Bedarf)
Wasser (Menge nach Bedarf)

Zubereitung: Brennesseln waschen, trocken schütteln und grob hacken. Gemüsebrühe aufkochen, die Brennesseln hinzufügen und etwa 20–30 Minuten köcheln lassen, evtl. überschüssige Brühe abgießen. Die Eier in leicht gesalzenem Wasser pochieren und zusammen mit dem Brennesselgemüse servieren.

Hirse mit Kresse

400 g **Hirse**
60 g **Kresse**
0,8 l **Rinderfond**

Zubereitung: Die Hirse in einem feinen Sieb unter fließendem Wasser gut abspülen, in Rinderfond ca. 5 Minuten kochen, danach etwa 10 Minuten quellen lassen und anschließend die gewaschene und feingehackte Kresse unterziehen.

Zubereitung: 1,5 l leicht gesalzenes Wasser aufkochen lassen, die geschälten, in ca. 0,5 cm dünne Scheiben geschnittenen Möhren hineingeben und für 20–25 Minuten bei mittlerer Hitze im offenen Topf kochen lassen, dabei darauf achten, dass die Möhren nicht zu weich werden, sondern noch bissfest bleiben. Danach das Kochwasser abgießen, Thymian, Mohn, Apfelessig und Honig unterrühren und in geschlossenem Topf ohne Hitze etwa 15 Minuten ziehen lassen, dann kurz aufwärmen und nach Geschmack mit Salz würzen.

Möhrengemüse mit Waldhonig, Mohn und Thymian

1,5 kg **Möhren**
6 g **Thymian** (getrocknet)
75 g **Mohn** (gemahlen)
10–12 EL **Waldhonig**
3 EL **Apfelessig**
1,5 l **Wasser**
2–3 TL **Salz**

Brennesseleintopf mit Erbsen und Wurst

- 400 g **Brennesseln**
- 250 g **Schälerbsen** (getrocknet)
- 600 g **grobe Mettwurst** (geräuchert)
- 2 l **Fleischbrühe**
- 5 EL **Apfelessig**

Zubereitung: Brennesseln waschen, trocken schütteln und grob hacken. Die Fleischbrühe zum Kochen bringen, Schälerbsen und Apfelessig zufügen und ca. 60 Minuten sprudelnd kochen lassen. Dann die Brennesseln sowie die in Scheiben geschnittene Mettwurst unterziehen und für weitere 30–40 Minuten köcheln lassen.

50 g	**Gerste**
50 g	**Hirse**
250 g	**Dicke Bohnen**
100 g	**Speck** (geräuchert)
250 g	**Well- oder Bauchfleisch** vom Schwein
5 g	**Thymian** (getrocknet)
0,5 l	**Fleischbrühe**
0,4–0,5 l	**Wasser**
25 ml	**Apfelessig**

Zubereitung: Fleischbrühe aufkochen, das grobgewürfelte Schweinefleisch hineingeben und im geschlossenen Topf bei geringer Hitze ca. 60 Minuten kochen lassen. Dann die zuvor sorgfältig gewaschene Hirse, Gerste, Speckwürfel, Thymian und Apfelessig darunter mischen und mit Wasser angießen. Im offenen Topf bei mittlerer Temperatur 30 Minuten lang fortgaren, bei Bedarf Wasser zugeben. Abschließend die Bohnen unterziehen und gar kochen, dabei darauf achten, dass die Bohnen noch bissfest bleiben.

Ritschert

Ritschert ist ein traditionelles Gericht, das noch heute in der Steiermark und in Kärnten in zahlreichen Variationen zubereitet wird. Naturwissenschaftliche Analysen archäologischer Funde aus dem prähistorischen Salzbergwerk in Hallstatt (Österreich) belegen, dass dieses Gericht in seiner Grundzusammensetzung bereits im 8./7. Jahrhundert v. Chr. verzehrt wurde.

Dieses Rezept kann als Beilage dienen, aber auch in Kombination mit Wildgemüsen, Speck oder Kräutern als Hauptgericht.

Schweinegulasch mit Möhren und Thymian

1,5 kg **Schweinegulasch**
500 g **Möhren**
150 g **Lauchzwiebeln**
10 g **Thymian** (getrocknet)
10 EL **Waldhonig**
1 l **Fleischbrühe**

Zubereitung: Das in Würfel von 3–4 cm Kantenlänge geschnittene Fleisch in der Fleischbrühe zum Kochen bringen und im offenen Topf bei mittlerer Hitze ca. 90 Minuten köcheln lassen, dabei darauf achten, dass das Fleisch immer knapp mit Brühe bedeckt ist, ansonsten mit Wasser auffüllen. Die geschälten Möhren in ca. 0,5 cm dünne Scheiben schneiden und mit dem Thymian zum Fleisch geben, falls nötig mit etwas Wasser angießen und in weiteren 15–20 Minuten gar kochen. Dann die in Ringe geschnittenen Lauchzwiebeln und den Honig unterziehen und im geschlossenen Topf für etwa 5 Minuten ziehen lassen.

450 g **Blutwurst**
450 g **Mettwurst** (geräuchert)
150 g **Speck** (geräuchert)
300 g **Rettich**
15 g **Salbei**
100 g **Schweineschmalz**
0,1 l **Apfelessig**

Zubereitung: Speck fein würfeln und in heißem Schweineschmalz auslassen. Blutwurst und Rettich in mundgerechte Stücke schneiden und anbraten. Mit Apfelessig ablöschen, in dünne Scheiben geschnittene Mettwurst, grobgehackte Salbeiblätter zufügen und ca. 30–45 Minuten bei mittlerer Hitze garen.

Keltische Wurstpfanne

Rinderfilet in Bier-Kresse-Sauce

1 kg **Rinderfilet**
0,4 l **Rinderfond**
1,5 l **Weizenbier** (dunkel)
200 g **Schweineschmalz**
3–4 **Stangen Lauch**
80 g **Brunnenkresse**
Dinkelvollkornmehl (Menge nach Bedarf)

Zubereitung: Das Rinderfilet in grobe Würfel von ca. 3–4 cm Kantenlänge schneiden, mit Mehl bestäuben und in heißem Schmalz bei hoher Temperatur von allen Seiten scharf anbraten. Den gewaschenen Lauch in feine Streifen von ca. 2 cm Länge schneiden, zum Rinderfilet geben und für etwa 5 Minuten anrösten. Danach mit Rinderfond und 0,5 l Weizenbier ablöschen und ca. 30 Minuten bei hoher Temperatur sprudelnd kochen lassen, dann wieder mit 0,5 l Bier angießen und weitere 30 Minuten kochen. Danach nochmals 0,5 l Bier hinzugeben und etwa 30 Minuten lang einreduzieren. Die gewaschene, feingehackte Brunnenkresse unterziehen und 20–30 Minuten bei mittlerer Hitze schmoren, bis das Fleisch gar ist und die Sauce eine sämige Konsistenz angenommen hat.

Pochierte Rinderhüfte
in Weinsauce

1 kg **Rinderhüfte**
1 l **Fleischbrühe**
1 l **Rotwein** (trocken)
50 g **Butter**
8 g **Thymian** (getrocknet)
Salz (Menge nach Bedarf)

Zubereitung: Die Rinderhüfte in einer Mischung aus Wein und Fleischbrühe 2 Stunden auf kleiner Flamme garen, danach aus der Kochflüssigkeit nehmen und warm stellen. Dann die Hälfte des Suds mit Thymian würzen, bei hoher Temperatur um etwa ein Drittel einreduzieren, mit Salz abschmecken und mit kalten Butterstücken zu einer Sauce aufmontieren, die zum Fleisch serviert wird.

4–8 **Lammlachse**
300 g **braune Champignons**
10 g **Thymian** (getrocknet)
20 g **Wiesenkerbel**
50 g **Schweineschmalz**
50 g **Butter**
1 TL **Salz**

Zubereitung: Champignons putzen und sehr fein hacken. Wiesenkerbel waschen, trocken schütteln und fein hacken, zusammen mit dem Thymian, Butter und Salz eine Farce herstellen. Die Lammlachse in heißem Schmalz von beiden Seiten scharf anbraten, danach auf ein gefettetes Backblech geben, mit der Farce auf der Oberseite einstreichen. Den Backofen auf 180 Grad vorheizen und die Lammlachse ca. 7–8 Minuten gar braten.

Lammlachse mit Champignon-Kräuter-Kruste

1 kg	**Schweinefiletspitzen**
40 g	**Kresse**
8 Scheiben	**Schinken** (geräuchert)
40 g	**Schweineschmalz**
1 TL	**Salz**

Zubereitung: Die Kresse waschen, trocken schütteln und fein hacken, mit Salz mischen und damit die Filetspitzen rundherum einstreichen. Danach das Fleisch mit den Schinkenscheiben umwickeln, und mit Holzspiesschen feststecken. Das Schweineschmalz erhitzen und darin die Filetspitzen von allen Seiten knusprig anbraten. Anschließend im vorgeheizten Backofen bei 180 Grad etwa 8–10 Minuten garen.

Schweinefilet in Schinken-Kresse-Mantel

1 kg **Kalbsleber** (am Stück, ca. 3 cm dick)
1 **Schweinenetz**
25 g **Salbei**
100 g **Schweineschmalz**
0,2 l **Kalbsfond**
0,2 l **Rotwein** (trocken)
Salz (Menge nach Bedarf)

Geschmorte Kalbsleber mit Salbei

Zubereitung: Das Schweinenetz 30 Minuten in kaltes Wasser legen, danach das Wasser wechseln und weitere 30 Minuten einlegen. Anschließend das Schweinenetz unter fließendem Wasser auswaschen, vorsichtig ausdrücken und auf einem Küchentuch ausbreiten. Die Leber gründlich waschen, trocken tupfen, auf allen Seiten mit grobgehackten Salbeiblättern und Salz einreiben und dann in das Schweinenetz einschlagen. Die überschüssigen Teile vom Schweinenetz abschneiden. Die Leber in heißem Schmalz rundherum scharf anbraten und danach für 23–25 Minuten in den auf 180 Grad vorgeheizten Backofen geben. Die gegarte Leber warm stellen, die Schmorflüssigkeit mit Kalbsfond und Rotwein ablöschen, bei hoher Temperatur um etwa ein Drittel einreduzieren und mit Salz abschmecken. Das Schweinenetz vorsichtig entfernen und die Leber mit der Sauce anrichten.

Sauerbraten vom Ochsenschwanz

2 kg **Ochsenschwanz**
1 l **Apfelessig**
1 l **Rotwein** (trocken)
200 g **Schweineschmalz**
40 **Wacholderbeeren** (getrocknet)

Zubereitung: Den Ochsenschwanz an den Wirbelenden zerlegen und 7 Tage lang in einer Mischung aus Rotwein, Apfelessig und im Mörser zerkleinerten Wacholderbeeren einlegen und kalt stellen. Das Fleisch muss mit der Marinade bedeckt sein. Danach die Fleischstücke in heißem Schmalz rundherum scharf anbraten, mit dem Sud ablöschen und ca. 2 Stunden auf kleiner Flamme abgedeckt schmoren.

4	**große Rinderrouladen**
250 g	**Dicke Bohnen**
200 g	**Lauch**
10 g	**Gundermann**
8 g	**Wiesenkerbel**
50 g	**Schweineschmalz**
0,3 l	**Met** (trocken-würzig)
1 l	**Wasser**
2–3 TL	**Salz**

Zubereitung: 1 l Wasser zum Kochen bringen, den gewaschenen, in dünne Scheiben geschnittenen Lauch und die gesäuberten Bohnen hineingeben und ca. 10 Minuten sprudelnd kochen lassen, danach das Kochwasser abgießen. Bohnen und Lauch pürieren, mit den zuvor gewaschenen, feingehackten Wildkräutern mischen und nach Geschmack salzen. Die Rouladen flachklopfen und einseitig dünn mit dem Püree einstreichen. Anschließend die Rouladen aufrollen, mit Küchengarn zusammenbinden und in einer Pfanne mit heißem Schmalz von allen Seiten scharf anbraten. Danach mit dem Met ablöschen und in zugedeckter Pfanne ca. 40 Minuten bei mittlerer Hitze gar schmoren, dabei die Rouladen öfters wenden.

Rinderrouladen mit Bohnen-Lauch-Püree-Füllung

800 g	**Flusskrebsschwänze** (gekocht und geschält)
80 g	**Wiesenschaumkraut**
4 g	**Dill** (getrocknet)
800 g	**Sauerrahm**
2–3 TL	**Salz**

Zubereitung: Blätter, Blüten und junge Triebe vom Wiesenschaumkraut waschen, trocken schütteln und fein hacken. Danach mit Dill und Sauerrahm mischen, die Flusskrebsschwänze dazu geben und nach Geschmack salzen. Vor dem Servieren etwa 20 Minuten kühl stellen und ziehen lassen.

Flusskrebsschwänze in Wiesenschaumkrautsauce

Fischeintopf

500 g	**Lachsfilet**	
250 g	**Welsfilet**	
250 g	**Forellenfilet** (geräuchert)	
100 g	**Flusskrebsschwänze**	
40 g	**Dill**	
0,4 l	**Fischfond**	
0,3 l	**Met** (trocken-würzig)	
2–3 TL	**Salz**	

Zubereitung: Lachs- und Welsfilets in Würfel von ca. 2–3 cm Kantenlänge schneiden und in Met und Fischfond mit etwas Salz 6–8 Minuten bei mittlerer Hitze köcheln. Dann die Flusskrebsschwänze und grobgehackte Räucherforellenfilets hinzugeben, kurz aufkochen, mit feingehacktem Dill würzen und 2–3 Minuten gar ziehen lassen.

Zubereitung: Rauke waschen, trocken schütteln und sehr fein hacken, Butter und Leinöl erhitzen. Gehackte Rauke, Haselnüsse und Salz hinzugeben und bei mittlerer Flamme ca. 10 Minuten dünsten. Danach Sauerrahm und Semmelbrösel unterziehen und alles bei niedriger Hitze in weiteren 5 Minuten garen.
Zwischenzeitlich die Lachssteaks auf dem Grill zubereiten und mit der Sauce anrichten.

Lachssteaks vom Grill mit Raukepesto

- 4 **Lachssteaks**
- 125 g **Rauke** (Rucola)
- 30 g **Haselnüsse** (gehackt)
- 200 g **Sauerrahm**
- 100 g **Butter**
- 50 g **Semmelbrösel**
- 2 EL **Leinöl**
- 1–2 TL **Salz**

Welsfilets mit Dillkruste

4 **Welsfilets**
25 g **Dill**
100 g **Semmelbrösel**
2 **Eier**
Apfelessig (Menge nach Bedarf)
Salz (Menge nach Bedarf)
Butter (Menge nach Bedarf)

Zubereitung: Die Welsfilets säubern und mit etwas Apfelessig und Salz auf beiden Seiten einstreichen. Aus feingehacktem Dill, verquirlten Eiern und Semmelbröseln eine Panade herstellen. Die Fischfilets in eine gebutterte Form legen, auf der Oberseite dünn mit der Panade einstreichen und im auf 220 Grad vorgeheizten Backofen auf der mittleren Schiene ca. 10 Minuten garen.

Hähnchenleber mit Linsen

800 g	**Hähnchenleber**
400 g	**Linsen**
10 g	**Dost** (getrocknet)
0,2 l	**Rinderfond**
0,4 l	**Apfelessig**
1,2 l	**Wasser**
60 g	**Butter**
	Salz (Menge nach Bedarf)

Zubereitung: Linsen in 1,2 l Wasser, Rinderfond und Apfelessig gar kochen, darauf achten, dass sie bissfest bleiben. Die gesäuberten, in mundgerechte Stücke geschnittene Hähnchenleber in Butter 2–3 Minuten kross anbraten, mit Dost und Salz würzen und unter die Linsen ziehen.

Hähnchenbrustfilets in Steinpilz-Bärlauch-Sauce

8 **Hähnchenbrustfilets**
50 g **Steinpilze** (getrocknet)
70 g **Bärlauch**
800 g **Sauerrahm**
200 g **Butter**
3 EL **Leinöl**
2 TL **Salz**
Wasser (Menge nach Bedarf)

Zubereitung: Die Steinpilze in einem Sieb unter fließend kaltem Wasser gründlich säubern und für 60 Minuten in lauwarmem Wasser einweichen, danach abgießen und fein hacken.
Zusammen mit dem gewaschenen, grobgehackten Bärlauch, Leinöl, Salz und Sauerrahm kurz aufkochen und ca. 5 Minuten bei niedriger Temperatur im offenen Topf köcheln lassen.
Die Hähnchenbrustfilets trocken tupfen, plattieren und in heißer Butter von beiden Seiten jeweils 6–8 Minuten gar braten. Anschließend zusammen mit der warmen Sauce servieren, bei Bedarf etwas nachsalzen.

8 **Hähnchenschenkel**
20 g **Waldmeister**
200 g **Butter**
150 g **Semmelbrösel**
0,5 l **Met** (trocken-würzig)
1–2 TL **Salz**

Zubereitung: Die Hähnchenschenkel in heißer Butter scharf anbraten, mit Met angießen und den gewaschenen, feingehackten Waldmeister hinzugeben. Bei niedriger Hitze mit geschlossenem Deckel 15–20 Minuten schmoren, dabei die Hähnchenschenkel öfters wenden. Danach die Hähnchenschenkel aus der Pfanne nehmen und die Sauce mit Semmelbröseln andicken, salzen und etwas einreduzieren.

Hähnchenschenkel in Waldmeister-Met-Sauce

Der Waldmeistergeschmack kann verstärkt werden, wenn man die frisch gepflückten Blätter 1–2 Tage anwelken lässt. Auch getrockneter Waldmeister ist etwas intensiver im Geschmack.
Achtung: Waldmeister enthält Cumarin, also einen Wirkstoff, der in höheren Dosierungen als krebserregend eingestuft wird. Aus diesem Grund ist die Verwendung von Waldmeister bei der gewerblichen Lebensmittelherstellung, mit Ausnahme der so genannten Maibowle, untersagt.

Hirschgulasch in Holundersauce

1,5 kg **Hirschgulasch**
0,3–0,4 l **Holundersaft**
0,4 l **Wildfond**
10 g **Thymian** (getrocknet)
15 **Wacholderbeeren** (getrocknet)
150 g **Schweineschmalz**
3–4 EL **Honig**

Zubereitung: Hirschfleisch in Würfel von 3–4 cm Kantenlänge schneiden, von evtl. anhaftenden Sehnenresten befreien, trocken tupfen und in heißem Schweineschmalz 4–5 Minuten von allen Seiten scharf anbraten. Dann mit Wildfond und Holundersaft ablöschen. Die im Mörser zerstoßenen Wacholderbeeren und den Thymian hinzugeben und im offenen Topf bei kleiner Flamme ca. 2 Stunden gar köcheln, falls erforderlich zwischenzeitlich mit etwas Wasser angießen. Abschließend je nach Geschmack mit Honig süßen und für etwa 5 Minuten im geschlossenen Topf ohne Hitze ziehen lassen.

Rehrücken in Metmarinade

2,5 kg **Rehrücken** (gespickt)
0,8 l **Met** (trocken-würzig)
0,4 l **Kalbsfond**
150 g **Schweineschmalz**

Zubereitung: Den gespickten Rehrücken 2–3 Tage in Met einlegen, dabei öfters wenden, damit das Fleisch gut durchziehen kann. Danach den Rehrücken aus der Marinade nehmen, unter fließendem Wasser abspülen und mit Küchenpapier trocken tupfen. Das Schmalz erhitzen, den Rehrücken darin von allen Seiten scharf anbraten, mit der Marinade und dem Kalbsfond ablöschen.
Für 30 Minuten in den auf 200 Grad vorgeheizten Backofen geben, dabei im Abstand von etwa 5 Minuten immer wieder mit der Garflüssigkeit begießen.
Danach die Ofentemperatur auf 175 Grad reduzieren und den Rehrücken in weiteren 35–40 Minuten gar schmoren. Damit das Fleisch nicht zu trocken wird, sollte es zwischenzeitlich öfters mit dem Bratenfond übergossen werden. Abhängig vom jeweils gewünschten Garungsgrad (rosa/durchgebraten) können die angegebenen Zeiten selbstverständlich verkürzt oder verlängert werden.

Wildschweinkeule mit Linsen in Bier

1 kg **Wildschweinkeule** (ohne Knochen)
300 g **Linsen** (getrocknet)
250 g **Speck** (geräuchert)
30 g **Giersch**
20 g **Thymian** (getrocknet)
20 g **Wacholderbeeren**
0,3 l **Rotwein** (trocken)
0,3 l **Apfelessig**
0,5 l **Wildfond**
0,6–0,8 l **Weizenbier** (dunkel)
150 g **Schweineschmalz**

Zubereitung: Die Wildschweinkeule am Stück 3–4 Tage in Rotwein, Apfelessig, im Mörser zerstampften Wacholderbeeren und Thymian marinieren. Dann das Fleisch aus der Marinade nehmen, trocken tupfen und in heißem Schmalz mit 125 g feingewürfeltem Speck von allen Seiten kross anbraten. Anschließend mit der Marinade und dem Wildfond ablöschen und im auf 175 Grad vorgeheizten Backofen ca. 90 Minuten gar braten. Dabei zwischenzeitlich öfters mit dem Bratfond begießen, damit das Fleisch nicht austrocknet.
Etwa 30 Minuten vor Ende der Garzeit in einem anderen Topf den restlichen, feingewürfelten Speck auslassen, die Linsen für ca. 5 Minuten darin dünsten. Den zuvor gewaschenen, feingehackten Giersch hinzugeben, mit Weizenbier angießen und solange bei kleiner Flamme köcheln lassen, bis die Linsen gut durchgegart, aber noch bissfest sind. Anschließend die Wildschweinkeule tranchieren und auf einem Bett von Bierlinsen anrichten.

8 **Nackenkoteletts**
30 g **Löwenzahn**
20 g **Schafgarbe**
10 g **Gundermann**
30 g **Semmelbrösel**
600 g **Sauerrahm**
2–3 TL **Salz**
0,1 l **Wasser**

Zubereitung: Die Wildkräuter sorgfältig waschen, trocken schütteln und fein hacken. Die Kräuter in Sauerrahm und 0,1 l Wasser ca. 10 Minuten bei mittlerer Temperatur gar kochen. Anschließend die Sauce mit Semmelbrösel andicken, mit Salz abschmecken und etwas einreduzieren.
Die Nackenkoteletts auf dem Grill braten und mit der Wildkräutersauce servieren.

Gegrillte Nackenkoteletts mit Wildkräutersauce

Grillkoteletts mit Rettich-Kresse-Sauce

- 8 **Nackenkoteletts**
- 200 g **Rettich**
- 80 g **Brunnenkresse**
- 30 g **Rosinen**
- 30 **Wacholderbeeren**
- 400 g **Sauerrahm**
- 0,8 l **Met** (lieblich)
- 2–3 TL **Salz**

Zubereitung: Rettich schälen und grob würfeln. Met aufkochen, den Rettich, zerkleinerte Wacholderbeeren, feingehackte Rosinen und Salz hinzugeben und ca. 45 Minuten weich kochen. Anschließend pürieren, den Sauerrahm unterziehen und weitere 10 Minuten bei kleiner Flamme köcheln. Danach die gewaschene, feingehackte Kresse in die Sauce einrühren und für etwa 4–5 Minuten ziehen lassen. Die Koteletts grillen und mit der Sauce anrichten.

Zubereitung: Äpfel schäle, waschen, entkernen und in kleine Stücke schneiden; zusammen mit dem ebenfalls gewaschenen und in dünne Ringe geschnittenen Lauch 10 Minuten in Met weich kochen und anschließend pürieren. Den Speck sehr fein würfeln, in heißem Schmalz kross anbraten und mit den im Mörser zerdrückten Wacholderbeeren, Apfelessig, Salz und Apfel-Lauch-Püree mischen. Alles nochmals kurz aufkochen und für etwa 1 Stunde in geschlossenem Topf ohne Hitze ziehen lassen. Die Leber von beiden Seiten auf dem Grill durchbraten, dabei darauf achten, dass sie nicht zu trocken wird.
Die Sauce kurz aufwärmen und zu den gegrillten Leberscheiben reichen.

Gegrillte Rinderleber mit Apfel-Speck-Sauce

- 4 **große Scheiben Rinderleber**
- 2 **Äpfel**
- 125 g **Lauch**
- 125 g **Speck** (geräuchert)
- 15 **Wacholderbeeren**
- 20 g **Schweineschmalz**
- 0,3 l **Met** (trocken-würzig)
- 2 EL **Apfelessig**
- 1 TL **Salz**

Rumpsteaks mit Erbsen-Minze-Püree

- 4 **große Rumpsteaks**
- 350 g **Schälerbsen** (getrocknet)
- 8 g **Minze** (getrocknet)
- 100 g **Butter**
- 2 l **Gemüsebrühe**
- 1–2 TL **Salz**

Zubereitung: Die Erbsen ca. 2 Stunden in der Brühe kochen, danach die Brühe abgießen und die Erbsen pürieren. Minze und Butter unterziehen, nach Geschmack salzen und warm stellen. Die Rumpsteaks nach Wunsch auf dem Grill an oder durchbraten und mit dem Püree servieren.

Anstelle von getrockneten Erbsen können auch frische Erbsen verwendet werden; hierbei ändert sich allerdings die Kochzeit.

8 **Scheiben Schweinebauch**
300 g **Möhren**
75 g **Möhrengrün**
200 g **Frischkäse**
0,8 l **Gemüsebrühe**
0,4 l **Met** (lieblich)
4–5 EL **Apfelessig**
2–3 TL **Salz**

Zubereitung: Möhren putzen und klein schneiden, Möhrengrün waschen und grob hacken, zusammen mit Met und Apfelessig in der Gemüsebrühe in geschlossenem Topf bei kleiner Flamme ca. 1 Stunde köcheln. Anschließend den Frischkäse unterziehen und für weitere 5 Minuten bei geringer Hitze garen, nach Geschmack salzen.
Zwischenzeitlich den Schweinebauch grillen und mit der Sauce servieren.

Gegrillter Schweinebauch mit Möhren-Met-Sauce

Statt Ackersenfsamen können auch Senfkörner verwendet werden.

Rumpsteaks mit Pfifferlingsauce

4 **große Rumpsteaks**
350 g **Pfifferlinge**
80 g **Ackersenfsamen** (getrocknet)
150 g **Frischkäse**
150 g **Butter**
1–2 TL **Salz**

Zubereitung: Die Pfifferlinge sehr gründlich mit dem Pinsel säubern, grob hacken und in heißer Butter ca. 5 Minuten anbraten. Ackersenfsamen in einem Mörser zerdrücken, mit dem Frischkäse zu den Pilzen geben, nach Geschmack salzen und in weiteren 5 Minuten bei kleiner Flamme köcheln. Rumpsteaks grillen und die Sauce dazu reichen.

Gegrillter Schweinebauch mit Brombeersauce

8 **Scheiben Schweinebauch**
400 g **Brombeeren**
4 g **Thymian** (getrocknet)
0,25 l **Fleischbrühe**
200 g **Sauerrahm**

Zubereitung: Fleischbrühe zum Kochen bringen, die gewaschenen Brombeeren, Sauerrahm und Thymian hinzugeben und bei mittlerer Hitze ca. 30 Minuten köcheln lassen. Anschließend die Brombeeren pürieren und die Sauce ohne Hitze ca. 1 Stunde ziehen lassen. Den Bauchspeck auf dem Grill von beiden Seiten anbraten und zusammen mit der zuvor nochmals kurz erhitzten Sauce servieren.

Gegrillte Koteletts mit Blutwurstsauce

8	**Nackenkoteletts**
500 g	**Blutwurst**
10 g	**Thymian** (getrocknet)
75 g	**Schweineschmalz**
100 g	**Frischkäse**
0,25 l	**Wasser**

Zubereitung: Grobgewürfelte Blutwurst in heißem Schmalz auslassen bis eine sämige Masse entstanden ist. Den getrockneten Thymian hinzugeben, mit 0,25 l Wasser angießen und bei mittlerer Temperatur 10 Minuten kochen. Dann den Frischkäse unterrühren und je nach gewünschter Konsistenz 5–10 Minuten einreduzieren. Die Koteletts auf dem Grill von beiden Seiten gut durchbraten und mit der Sauce servieren.

8 **Bratwürste**
200 g **Salbeiblätter**

Für den Senf:
300 g **Ackersenfsamen** (gemahlen)
400 g **Bärlauch**
0,4 l **Apfelessig**
0,1–0,2 l **Wasser**
1 EL **Honig**
1 TL **Salz**

Zubereitung: Bärlauch waschen, trocken schütteln und fein hacken. Apfelessig aufkochen, die gemahlenen Senfkörner zufügen und zu einer breiigen Masse einköcheln. Den Bärlauch unterziehen, mit 0,1 bis 0,2 l Wasser angießen, mit Honig und Salz abschmecken. Abkühlen lassen und für ca. 2 Wochen an einem kühlen und dunklen Ort ziehen lassen.

Die Bratwürste auf dem Grill anbraten bis sie fast gar sind. Danach die Würste zusammen mit grobgehackten Salbeiblättern in Alufolie oder einem flachen Gefäß mit Deckel etwa 10–15 Minuten ziehen lassen und anschließend nochmals für 4–5 Minuten in dem Gefäß oder der Alufolie auf dem Grill fertig garen. Zusammen mit dem Bärlauchsenf und Fladenbrot servieren.

Salbeibratwurst mit Bärlauchsenf

Dinkelkringel mit Honig und Mohn

Für ca. 60 Kringel:
800 g **Dinkelvollkornmehl**
500 g **Honig**
30 g **Mohn** (gemahlen)
3 **Eier**
42 g **Hefe** (1 Block Frischhefe)
Weizenmehl
(Menge nach Bedarf)

Zubereitung: Aus allen Zutaten einen Teig anrühren, gut durchkneten und für etwa 1 Stunde warm stellen. Danach mit einem Esslöffel zu walnussgroßen Bällchen von jeweils ca. 40 g formen. Auf einer mit Weizenmehl bestreuten Arbeitsfläche flachdrücken. Anschließend mit dem Stiel eines Holzkochlöffels mittig durchbohren und die Kringel dann auf einem Backblech für 20–22 Minuten bei 200 Grad in den vorgeheizten Backofen geben.

Apfel-Mohn-Hirse

200 g **Hirse**
125 g **Apfelringe** (getrocknet)
40 g **Mohn** (gemahlen)
0,5 l **Milch**
0,7 l **Apfelsaft** (naturtrüb)
Buttermilch (Menge nach Bedarf)
1 EL **Salz**

Zubereitung: Die getrockneten Apfelringe in kleine Stücke schneiden und 3–4 Stunden in Apfelsaft einweichen. Milch zum Kochen bringen, die zuvor sorgfältig gewaschene Hirse, Mohn und Salz hinzugeben und bei niedriger Temperatur 10 Minuten im offenen Topf köcheln lassen. Dann die eingeweichten Apfelringe mit dem Saft unter den Hirsebrei ziehen und ohne Hitze im geschlossenen Topf 20 Minuten quellen lassen. Anschließend im offenen Topf etwa 20 Minuten lang gar kochen. Das Gericht kann sowohl warm als auch nach Zugabe von etwas Buttermilch kalt verzehrt werden.

400 g **Himbeeren**
600 g **Sauerrahm**
20 g **Wasserminze**
Honig
(Menge nach Bedarf)
Salz
(Menge nach Bedarf)

Zubereitung: Minze waschen, trocken schütteln und grob hacken. Die gewaschenen Himbeeren mit den Minzeblättern unter den Sauerrahm ziehen, 2–3 Stunden kühl stellen und dann servieren. Nach Geschmack mit Honig oder Salz würzen.

Himbeeren mit Minze in Sauerrahm

Anstelle von Wasserminze kann die gleiche Menge Pfefferminze verwendet werden.

Honigquark mit Haselnüssen und Birnen

1 kg **Quark**
250 g **Honig**
100 g **Haselnüsse** (gehackt)
2 **Birnen**

Zubereitung: Die Birnen schälen, vom Kerngehäuse befreien, in feine Würfel schneiden, mit den restlichen Zutaten mischen und vor dem Servieren etwa 1 Stunde kühl stellen.

500 g **Weintrauben**
300 g **Apfelmus**
200 g **Honig**

Karamelisierte Weintrauben mit Apfelmus

Zubereitung: Die Weintrauben waschen und halbieren. Honig bei mittlerer Hitze aufkochen, die Weintrauben unterziehen und unter ständigem Rühren 5–6 Minuten im heißen Honig karamelisieren. Anschließend abkühlen lassen, mit Apfelmus mischen und möglichst kalt servieren.

Trauben von wildem Wein sind in getrockneter Form (Rosinen) aus keltischen Siedlungsfunden nachgewiesen. Vermutlich wurden auch kultivierte Weintrauben aus dem Mittelmeerraum importiert und zum Verzehr genutzt.

Zubereitung: Die getrockneten Kräuter vermischen und für etwa 4 Wochen in einem geschlossenem Gefäß an einem kühlen Ort ruhen lassen. Aus dieser Mischung 3 gehäufte TL mit 1 l kochendem Wasser aufgießen, 15 Minuten ziehen lassen und nach Geschmack mit Honig süßen.

Wildkräutertee

- 22 g **Beifuß** (getrocknet)
- 50 g **Hagebuttenschalen** (getrocknet)
- 10 g **Schafgarbe** (getrocknet)
- 8 g **Waldmeister** (getrocknet)
- **Honig** (Menge nach Bedarf)
- **Wasser** (Menge nach Bedarf)

Die getrockneten Kräuter und Pflanzenteile für diese Teemischung findet man in Bioläden, Reformhäusern oder Apotheken.

Met

Für 12 bis 13 Liter:
5 kg **Honig**
2 l **Apfelsaft** (naturtrüb)
8 l **Wasser**
40 g **Thymian** (getrocknet)
10 g **Holunderblüten** (getrocknet)
6 g **Schafgarbe** (getrocknet)
84 g **Hefe** (2 Block Frischhefe)

Die getrockneten Kräuter sind in jeder Apotheke erhältlich.

Zubereitung: Wasser und Apfelsaft auf etwa 40 Grad erhitzen, Honig und zerbröckelte Hefe unterrühren und abkühlen lassen. Die getrockneten Kräuter in einem Leinenbeutel hineingeben und 5–6 Wochen in einem geschlossenen Gefäß bei einer Raumtemperatur von 20–25 Grad gären lassen. Der Deckel des Gefäßes sollte eine kleine Öffnung von ca. 1 cm Durchmesser haben, damit die beim Gärprozess entstehenden Gase entweichen können. Nach Ende der Gärzeit die Kräuter entnehmen, den Met etwa 5–7 Tage bei einer Temperatur von ca. 6–10 Grad lagern, um die Gärung endgültig zu stoppen. Danach kann der Met auf Flaschen gezogen und möglichst kühl gelagert werden.

Bestimmungshilfe für Wildkräuter

Bärlauch
(Allium ursinum)
Wuchshöhe: 15–50 cm
Blütenfarbe: weiß
Blütezeit: April – Juni
Vorkommen: Laub- und Mischwälder, Auwälder. Liebt humusreiche Böden, schattige und feuchte Standorte.

Beifuß
(Artemisia vulgaris)
Wuchshöhe: 30–150 cm
Blütenfarbe: gelb
Blütezeit: Juli – Oktober
Vorkommen: Ödland, Wege, Ufer, Gebüsche.

Beinwell
(Symphytum officinale)
Wuchshöhe: 30–90 cm
Blütenfarbe: weiß
Blütezeit: Mai – September
Vorkommen: Wiesen, Ufer, Gräben, Waldlichtungen, vorzugsweise auf feuchten Lehmböden.

Brennessel
(Urtica dioica)
Wuchshöhe: 30–250 cm
Blütenfarbe: grün
Blütezeit: Juni – Oktober
Vorkommen: Ödland, Waldränder, Lichtungen, Wegränder, Ufer.

Dost
(Origanum vulgare)
Wuchshöhe: 20–50 cm
Blütenfarbe: blassrosa
Blütezeit: Juli – Oktober
Vorkommen: Trockenwälder und -gebüsche, Halbtrockenrasen und Wege.

Giersch
(Aegopodium podagra)
Wuchshöhe: 30–100 cm
Blütenfarbe: weiß
Blütezeit: Mai – Juli
Vorkommen: Waldränder, Gebüsche, Gärten, Parkanlagen und Ufer.

Gundermann
(Glechoma hederacea)
Wuchshöhe: 5–20 cm
Blütenfarbe: blau oder rotviolett
Blütezeit: März – Juni
Vorkommen: Wiesen, Rasen, Wälder und Ufer, bevorzugt halbschattige Standorte.

Löwenzahn
(Taraxacum officinale)
Wuchshöhe: 5–50 cm
Blütenfarbe: gelb
Blütezeit: März – November
Vorkommen: Rasen, Wiesen, Ödland, Äcker, Gärten und Wälder.

Schafgarbe
(Achillea millefolium)
Wuchshöhe: 15–60 cm
Blütenfarbe: weiß
Blütezeit: Juni – Oktober
Vorkommen: Halbtrockenrasen, Raine, Wegränder und Fettwiesen.

Scharbockskraut *(Ranunculus ficaria)*
Wuchshöhe: 5–30 cm
Blütenfarbe: gelb
Blütezeit: März – Mai
Vorkommen: Feuchte Wälder, Gebüsche, Wiesen, Parkanlagen und Gärten.

Thymian
(Thymus pulegioides)
Wuchshöhe: 5–20 cm
Blütenfarbe: rot-rosa
Blütezeit: Juni – September
Vorkommen: Trockene Rasen, Heiden und Felsen; liebt stickstoff- und salzarme Böden.

Vogelmiere
(Stellaria media)
Wuchshöhe: 5–40 cm
Blütenfarbe: weiß
Blütezeit: Januar – Dezember
Vorkommen: Gärten, Äcker, Ödland, Ufer, Waldlichtungen.

Waldmeister
(Galium odoratum)
Wuchshöhe: 5–25 cm
Blütenfarbe: weiß
Blütezeit: April – Mai
Vorkommen: Laub- und Mischwälder, Lichtungen und Waldränder.

Wasserminze
(Mentha aquatica)
Wuchshöhe: 20–90 cm
Blütenfarbe: rosa bis lila
Blütezeit: Juli – Oktober
Vorkommen: Gräben, Ufer, Flachmoore, Sumpfwiesen und feuchte Brachen.

Weiße Taubnessel
(Lamium album)
Wuchshöhe: 15–50 cm
Blütenfarbe: weiß
Blütezeit: April – Oktober
Vorkommen: Wege, Ödland, Raine, Gebüsche und Waldränder.

Wiesenkerbel
(Anthriscus sylvestris)
Wuchshöhe: 60–150 cm
Blütenfarbe: weiß
Blütezeit: April – Juli
Vorkommen: Wiesen, Gebüsche, Waldränder und Wege.

Wiesenschaumkraut *(Cardamine pratensis)*
Wuchshöhe: 15–50 cm
Blütenfarbe: violett, rosa, lila
Blütezeit: April – Juni
Vorkommen: Wiesen, Wälder und Ufer.

Fürstenmahl und Bauernbrot

Die Ernährungsgrundlagen keltischer Bevölkerungsgruppen in Mitteleuropa können anhand der aktuellen, wissenschaftlich fundierten Quellenlage leider nur unzureichend modellhaft rekonstruiert werden. Antike Schriftsteller wie Diodor, Poseidonios, Strabon, Varro und andere berichten zwar teilweise recht spektakulär über Ess- und Trinksitten der Kelten, überliefern damit aber nur einen subjektiven und deshalb fragwürdigen Eindruck der historischen Realität. Dies liegt häufig daran, dass diese Autoren die von ihnen beschriebenen Völker selten aus eigener Anschauung kannten und sich gegenüber diesen „Barbaren" für zivilisierter hielten.

Bessere Aufschlüsse als die antiken Schriften liefert mittlerweile die Archäologie in Zusammenarbeit mit modernen Naturwissenschaften. In diesem Zusammenhang sind vor allem die Pollenanalyse (Palynologie), Archäobotanik, Paläoethnobotanik und Archäozoologie von unschätzbarer Bedeutung. So kann die Palynologie in archäologisch relevanten Erdschichten enthaltene, nur mikroskopisch sichtbare Pflanzenpollen und Sporen bestimmen, die Einblicke in die jeweils herrschenden Umwelt- und Klimabedingungen sowie die damalige Pflanzenwelt erlauben. Diese botanische Disziplin wird unterstützt durch Archäobotanik und Paläoethnobotanik, die sich mit der Untersuchung makroskopischer, subfossil erhalten gebliebener Pflanzenreste, vorzugsweise Früchte und Samen, beschäftigen und weiterführende Aussagemöglichkeiten zur prähistorischen Ökologie und Ökonomie ermöglichen. Die Archäozoologie wiederum analysiert Funde von Tierknochen aus archäologischen Ausgrabungen und liefert damit Hinweise zur Fauna, insbesondere aber auch zur Unterscheidung von Wildtieren und domestizierten Haus- und Nutztieren. Alle diese Methoden sind in ihren Anwendungsmöglichkeiten und der Aussagekraft ihrer Resultate jedoch immer abhängig vom Erhaltungszustand aus organischem Material bestehenden Untersuchungsgegenstände. Nur selten erhalten sich organische Materialien unter günstigen Bedingungen wie z.B. bei Verkohlung oder Einlagerung in feuchten Bodensedimenten unter relativem Luftabschluss, deswegen spielen Fundstellen mit derartigen Erhaltungsbedingungen eine bedeutende Rolle in der archäologischen Forschung. Weitere Möglichkeiten zur Rekonstruktion prähistorischer Ernährungsgrundlagen liefern chemische Analysen von Keramikgefäßen und evtl. daran anhaftenden, angebrannten Nahrungsresten (sog. Kochkrusten) sowie Einschlüsse von Pflanzenresten in Keramik oder gebranntem Lehm. Diese Einschlüsse resultieren daraus, dass pflanzliches Material früher häufig als Magerungsmittel bei der Herstellung von Keramik oder beim Bau von Hauswänden aus Flechtwerk und Lehm genutzt wurde. Beim Brennen der Töpferware oder im Falle eines Hausbrandes wurden die Pflanzenteile zwar ver- bzw. inkohlt, blieben aber als Abdrücke erhalten und können heute zur Bestimmung der ehemaligen Pflanzenarten herangezogen werden.

Der Hauptteil des archäologischen Fundstoffes aus keltischer Zeit besteht aus anorganischen Materialien wie Keramik, Stein oder Metall. Viele dieser Gegenstände lassen sich relativ genau ihrer ehemaligen Funktion zuordnen. Es gibt aber immer wieder Funde und Befunde, deren Interpretation Fragen aufwirft, die sich mit traditionellen archäologischen Methoden nicht befriedigend beantworten lassen.
Hier stellt seit einigen Jahren die experimentelle Archäologie eine sinnvolle Ergänzung dar. Mit ihrer Hilfe können mittels systematisch und unter kontrollierten Bedingungen durchgeführter Rekonstruktionsversuche archäologische Hypothesen unter verschiedenen Gesichtspunkten überprüft werden. Hierbei darf man jedoch nicht vergessen, dass die Ergebnisse der Experimente eine Hypothese bestenfalls widerlegen, niemals aber verifizieren können. Trotz anfänglicher Widerstände und Bedenken seitens einiger, meist älterer Fachkollegen ist diese Methode inzwischen allgemein anerkannt, zumal sich ihre Resultate häufig gut für museumspädagogische Aktivitäten aufbereiten lassen und damit positiv zur Vermittlung eines zeitgemäßen Verständnisses der Belange der Archäologie in der Öffentlichkeit beitragen.

Zusammengefasst ergibt sich folgender vorläufiger Forschungsstand zur Ernährung der Kelten in Mitteleuropa: Die Hauptgrundlage des Nahrungserwerbs bildeten eindeutig Ackerbau und Viehzucht. Die keltische Agrarwirtschaft scheint zumindest in manchen Regionen zeitweise sehr effektiv und leistungsstark gewesen zu sein. Die botanischen Funde belegen u. a. den Anbau der Getreide Emmer, Einkorn, Dinkel, Gerste, Weizen und Hirse. In einzelnen Fällen sind auch Roggen und Saathafer belegt. Einige Paläobotaniker vermuten jedoch, dass diese Arten aber nur als geduldetes „Unkraut" mitgeerntet wurden. Trotz großer regionaler und zeitlicher Unterschiede kann man grob vereinfachend feststellen, dass Dinkel, Gerste und Hirse die Hauptrolle beim Getreideanbau spielten, Dinkel wohl vorzugsweise als Wintergetreide und die Gerste eher als Sommergetreide. In Gegenden, in denen aus klimatischen Gründen der Anbau von Dinkel als Wintergetreide nicht möglich war, griff man anscheinend ersatzweise auf Emmer zurück. Vieles deutet daraufhin, dass keltische Bauern bereits die Vorteile von Fruchtwechsel und Brache kannten und nutzten. Eine regelrechte Dreifelderwirtschaft wie im Mittelalter kann jedoch bislang nicht nachgewiesen werden. Wahrscheinlich wurden brachliegende Äcker als Viehweide genutzt und dadurch gleichzeitig gedüngt. Archäologische Funde und antike Schriftquellen belegen den Einsatz von hoch spezialisierten Pflügen mit eiserner Pflugschar (sog. Beetpflüge), die die Erdscholle nicht nur aufbrachen, sondern auch im gleichen Arbeitsgang wendeten. Geerntet wurde mit Sicheln und Sensen, die mit Klingen aus Eisen bestückt waren. Je nach Art bzw. Verwendungszweck wurde das Korn anschließend gedroschen, entspelzt, gereinigt und weiterverarbeitet. Zum Mahlen von Brotgetreide wurden anfänglich einfache Schiebemühlen aus Basaltlava oder anderen dafür geeigneten Gesteinsarten benutzt. Diese, wegen der Form ihres mit einer Spitze versehenen Unterliegers, der damit im Boden verankert wurde, so genannten Napoleonshüte wurden in der Spätlatenezeit von wesentlich effektiveren Rundmühlen abgelöst. Experimentelle Untesuchungen haben gezeigt, dass mit dieser technischen Innovation bei gleichem Zeitaufwand die sechsfache Menge an Korn zu Mehl vermahlen werden konnte.

Neben dem als Grundnahrungsmittel überaus wichtigen Getreide wurden Hülsenfrüchte wie Erbsen, Linsen und Ackerbohnen sowie als Ölpflanzen Lein und Mohn angebaut. Die Fasern des Leins (Flachs) wurden zur Herstellung von Textilien genutzt. Die Samen des Schlafmohns dienten wahrscheinlich als Gewürz; ob der opiumhaltige Milchsaft aus den unreifen Samenkapseln von den Kelten als Rauschmittel konsumiert wurde, ist nicht nachweisbar. Im Mittelmeerraum war die Wirkung von Opium allerdings schon seit der Bronzezeit bekannt und die keltische Oberschicht unterhielt nicht nur sehr intensive Kontakte zu dieser Region, sondern versuchte auch, entsprechende Gewohnheiten nachzuahmen. Daher ist es keinesfalls auszuschließen, dass neben alkoholischen Getränken wie Bier, Met und importierten Südweinen zumindest von besser gestellten Gruppen des keltischen Adels auch Opium konsumiert wurde. Die Berichte antiker Schriftsteller über maßlose Trinkgelage, opulente Gastmahle und damit verbundene Ausschreitungen an keltischen „Fürstenhöfen" spiegeln sich durchaus auch im archäologischen Fundstoff wider.

Weitere Kulturpflanzen der Kelten waren Möhren, Rüben- bzw. Feldkohl und Feldsalat, wobei die Unterscheidung zwischen Wild- und Kulturform anhand archäologisch überlieferter Reste teilweise sehr schwierig ist. Gesichert ist allerdings das Sammeln zahlreicher Wildpflanzen und Wildfrüchte, die nicht nur in Notzeiten den Speisezettel ergänzten und bereicherten. Hierzu zählen diverse Wildgemüse und Kräuter, Haselnüsse, Bucheckern und Eicheln, wilde Äpfel, Birnen und Kirschen, Brombeeren, Erdbeeren, Himbeeren, Schlehen, Hagebutten, Holunder- und Wacholderbeeren, Trauben der wilden Weinrebe und dergleichen. Darüber hinaus wurden auch Pilze gesammelt, die wie der Pfefferröhrling nicht nur als Lebensmittel, sondern ebenso wie Salz und Kräuter auch zum Würzen der Speisen und Getränke genutzt werden konnten. Ebenfalls nachgewiesen ist die Verwendung von Wildbienenhonig, der besonders zur Herstellung des bei den Kelten allseits beliebten Mets benötigt wurde.

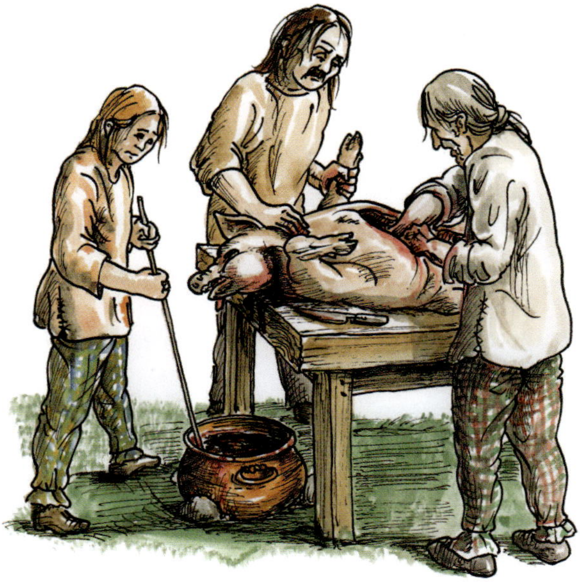

Das zweite Standbein keltischer Agrarwirtschaft bildete die Viehzucht. Auch hier zeichnet sich ein regional und zeitlich teilweise stark unterschiedliches Bild ab, das bislang aufgrund von Forschungslücken nicht befriedigend interpretiert werden kann. Als Nutz- und Haustiere wurden Rinder, Schafe, Ziegen, Schweine, Pferde, Hühner und Hunde gehalten. Diese Tiere züchtete man nicht nur zur Sicherstellung der Versorgung mit Fleisch bzw. Milchprodukten oder Eiern, sondern teilweise auch für den Einsatz im Ackerbau und Transportwesen. Hunde wurden sicherlich zur Bewachung und zum Hüten des Viehs oder für die Jagd eingesetzt, landeten nach Ausweis von entsprechenden Schlachtspuren an Knochenfunden allerdings, ebenso wie Pferde, oft im Kochtopf. Dies mag bei vielen heutigen Tierfreunden Abscheu hervorrufen, obwohl die Vorliebe für den Verzehr dieser Tierarten keinesfalls eine typisch keltische Eigenart darstellt. In Deutschland wurde im Jahr 1985 letztmalig ein Hund völlig legal für den menschlichen Verzehr geschlachtet. Erst 1986 wurden Hunde durch eine Änderung des bis dahin gültigen deutschen Fleischbeschaugesetzes von der Liste der schlachtbaren Haustiere gestrichen, was letztlich nur dem hartnäckigen Engagement der deutschen Tierärzteschaft zu verdanken ist.

Durch archäozoologische Untersuchungen weiß man, dass die domestizierten Tiere der Kelten allerdings deutlich kleiner waren als ihre wildlebenden Verwandten oder unsere heutigen Nutztiere. Dies hatte zwar den Nachteil, dass sie somit weniger Fleisch lieferten, dafür jedoch weniger Futter brauchten und leichter zu halten waren. Gleichzeitig waren diese Tiere robuster als moderne Züchtungen und sicherlich resistenter gegen Erkrankungen.
Nicht nur in Notzeiten, verursacht durch klimatisch bedingte Umweltveränderungen, Missernten, Viehseuchen oder kriegerische Auseinandersetzungen und damit verbundene Aufgabe bestehender Siedlungsplätze sowie Wanderzüge speziell ab dem 4. Jh. v. Chr. waren neben der Landwirtschaft auch die Erträge aus Jagd und Fischfang zumindest zeitweilig von einer gewissen Bedeutung. Neben Auerochse, Bär, Elch, Rothirsch, Wildschwein, Reh, Hase, Biber, Luchs, Wolf, Wildkatze usw. wurden auch Wildvögel wie Adler, Geier, Kranich, Auerhahn, Birk- und Haselhuhn, Wildente und Wildgans erfolgreich bejagt. Im Bereich der Fischwaid sind der Fang von Wels, Hecht, Karpfen, Forelle, Döbel und anderen Arten belegt. Mit Sicherheit kann man davon ausgehen, dass auch anderes Getier wie Flusskrebse, Muscheln und Schnecken verzehrt wurden.

Wie aber haben die Kelten ihre Lebensmittel konserviert und zubereitet? Aufschlüsse und Informationen zu diesen Fragen liefern uns wiederum die Archäologie und die Naturwissenschaften. So konnte beispielsweise nachgewiesen werden, dass Getreidevorräte entweder in unterirdischen Silos (sog. Vorratsgruben) oder in oberirdisch auf hölzernen Stelzen errichteten Speichern gelagert wurden, um sie vor Fäulnis und Schädlingsbefall zu schützen. Da es damals weder Kühlschränke noch Tiefkühltruhen gab, waren die Konservierungsmöglichkeiten im Gegensatz zu heute stark eingeschränkt. Leicht verderbliche Lebensmittel wie Fleisch und Fisch konnten nur durch Lufttrocknen, Räuchern oder Pökeln mit Salz haltbar gemacht werden. Salz wurde schon zu Beginn der

Hallstattzeit an vielen Orten bergmännisch abgebaut oder konnte durch Versieden von Sole aus salzhaltigem Quellwasser gewonnen werden. Nicht ohne Grund spricht man in diesem Zusammenhang vom „weißen Gold der Kelten", denn die häufig überdurchschnittlich reich ausgestatteten Gräber im Umfeld von Orten, an denen Salz produziert und weiterverhandelt wurde, zeugen von dem enormen, daraus erzielten Gewinn.

Neben Funden und Befunden aus Siedlungen, wie Reste von Backöfen, Feuerstellen, Getreidemühlen oder Küchengerätschaften in Form von Feuerböcken, Kochtöpfen, Grillrosten, Messern, Bratspießen oder Speise- und Trinkgeschirr, sind es vor allem Grabbeigaben, die uns bei der Suche nach Zubereitungsmöglichkeiten und Garmethoden helfen. So konnte festgestellt werden, dass zum Kochen, Servieren oder Verzehren der Speisen neben Gefäßen aus Holz und Keramik auch solche aus Kupfer, Bronze, Silber und Gold benutzt wurden, wobei Gefäße aus Metall bzw. Edelmetall natürlich nur einer privilegierten Oberschicht zur Verfügung standen. Dies gilt auch für die überaus prächtig verzierten, für heutige Maßstäbe teilweise völlig überdimensionierten Trinkhörner und Weinmischgefäße, die in so genannten keltischen Fürstengräbern gefunden wurden. Insgesamt zeichnen sich im archäologischen Fundmaterial extreme soziale Unterschiede innerhalb der keltischen Bevölkerung ab. Vieles deutet darauf hin, dass zu dieser Zeit eine hierarchisch gegliederte Ordnung bestand, die sicherlich auch Einfluss auf die individuellen Ernährungsmöglichkeiten innerhalb der unterschiedlichen Gesellschaftsschichten hatte. So blieben dem einfachen Bauern vermutlich nur sein Brot und die Brennnesselsuppe, wohingegen sich die besser gestellten Angehörigen der herrschenden Oberschicht anscheinend an Beispielen mittelmeerischer Kulturen orientierten und ausgedehnte Gastmahle und Gelage veranstalteten oder sogar wertvolles Schlachtvieh in Krisenzeiten für rituelle Zwecke opferten.

Glossar küchentechnischer Begriffe

Ablöschen (Deglacieren) Flüssigkeit in ein Gefäß geben, in dem zuvor Nahrungsmittel gegart oder gebraten wurden. Dient dazu, eine Sauce herzustellen bzw. die Kochflüssigkeit zu binden.

Anbraten Fleisch bei hoher Temperatur von alle Seiten kross braten, damit sich die Poren schließen und der Fleischsaft erhalten bleibt.

Binden → Sauce

Blanchieren Beim Blanchieren gibt man Nahrungsmittel, die anschließend auf andere Weise weitergegart oder z. B. zu Salat verarbeitet werden sollen, kurze Zeit in kochendes Wasser und kühlt sie dann direkt mit eiskaltem Wasser ab. Dies dient einerseits dazu, die natürliche Farbe zu erhalten und gleichzeitig auch die Festigkeit bzw. Konsistenz. Dieses Verfahren eignet sich besonders bei Kräutern und Gemüse, kann aber auch bei Fleisch, wie z. B. Räucherspeck angewendet werden, um einen evtl. störenden Eigengeschmack zu mindern.

Croutons Brotwürfel von ca. 1 cm Kantenlänge, die in Fett, Butter oder Öl kross angebraten werden und zur Garnitur von Suppen oder Salaten verwendet werden.

Dünsten Nahrungsmittel bei schwacher Hitze im halbgeschlossenen oder geschlossenen Topf garen, bis sie ihre eigene Feuchtigkeit freisetzen und darin garen. Besonders geeignet für Gemüse, Kräuter und Fisch, da hierdurch die Vitamine und Aromastoffe zum großen Teil erhalten bleiben.

Einkochen (Reduzieren) Einkochen oder Reduzieren von Garflüssigkeit dient dazu, durch das Verdunsten von Wasseranteilen das Aroma einer Sauce oderBrühe zu konzentrieren oder diese anzudicken bzw. sämig zu machen.

EL Esslöffel (leicht gehäuft)

Farce Sehr feingehacktes oder püriertes Fleisch, Geflügel bzw. Fisch, evtl. mit Kräutern, Gewürzen, Fetten, Milchprodukten, Semmelbröseln o. ä. aufgezogene Mischung zum Füllen oder Panieren/Überkrusten.

Feingehackt/kleine Würfel (Brunoise) Bei Fleisch, Käse, Gemüse u. ä.: Kleine Würfel von weniger als 3 mm Kantenlänge; bei Kräutern: Fraktionen von 1–2 mm Größe.

Fleischbrühe → Fond

Fond Fond ist eine aromatische Flüssigkeit, die wie Brühe aus den jeweils Namen gebenden Zutaten durch Auskochen gewonnen wird. So wird z. B. Fischfond durch intensives Einkochen von Resten wie Gräten, Kopf, Schwanzflossen u. ä., die bei der Zubereitung eines Fischgerichtes anfallen hergestellt. Auf dieselbe Art werden andere Fonds und Brühen, wie Wild- und Kalbsfond oder Rindfleisch- und Gemüsebrühe zubereitet.

g Gramm; **kg** Kilogramm

Gemüsebrühe → Fond

Grob gehackt Bei Fleisch, Käse, Kräutern, Gemüse u. ä.: Streifen oder Würfel in Größen von ca. 2–6 cm.

Juliennes In feine, dünne Streifen geschnittenes Gemüse, meistens Möhren.

Karamelisieren Fleisch, Gemüse oder Früchte in erhitztem Honig bräunen.

Köcheln Schonendes Garen von Speisen in schwach siedender Flüssigkeit.

l Liter; **ml** Milliliter

Marinieren Die meisten Marinaden basieren auf Zutaten wie Öl, Essig, Milch, Wein oder aromatischen Kräutern, Pilzen, Gewürzen und div. Gemüse. In der Regel werden die später zu garenden Lebensmittel wie Fleisch, Geflügel, Fisch oder Gemüse für eine gewisse Zeit in die Marinade eingelegt, um sie durch deren Aromen geschmacklich aufzuwerten. Die Marinade kann danach oft auch noch als Grundlage für eine Sauce genutzt werden.

Medaillons Scheiben vom Filet (→ Tranchen).

Met Honigwein

Panade Bindemittel aus Brot- bzw. Semmelbrösel und Ei sowie Kräutern für Fleisch- oder Fischkrusten.

Plattieren Vorbereitung von Fleischstücken zum Braten wie z. B. bei Hähnchenbrustfilets: Die gesäuberten, mit Küchenpapier trocken getupften Hähnchenfilets in Frischhaltefolie oder einen aufgeschnittenen Gefrierbeutel packen und beidseitig mit einem geeigneten Gerät, wie z. B. dem Boden einer Pfanne auf einer stabilen Unterlage durch kräftige Schläge flach klopfen. Dadurch werden die Fleischfasern aufgerissen und der anschließende Garprozess verkürzt.

Pochieren Behutsames Garen in viel Flüssigkeit bei niedriger Temperatur kurz unterhalb des Siedepunktes, relativ lange Garzeit.

Püree/Pürieren Pürees werden hergestellt, indem man Lebensmittel mit einem Pürierstab/Mixer soweit zerkleinert oder durch ein feinmaschiges Sieb streicht, bis die Masse glatt und homogen ist. Dieses Verfahren wird häufig bei der Herstellung von Saucen angewendet.

Ragout → Schmoren

Reduzieren Beim Einkochen der Garflüssigkeit oder des Fonds werden durch Verdunstung die Aromastoffe der Sauce bzw. Brühe konzentriert, damit gleichzeitig gebunden und sämig gemacht.

Sauce Saucen können bei der Zubereitung eines Gerichts gewonnen oder auch separat zubereitet werden. Sie sollen entweder den Eigengeschmack des eigentlichen Gerichtes als Zutat betonen, abmildern oder auch wie ein Gewürz einen interessanten Kontrast herstellen. Die Bindung von Saucen kann durch Zugabe von Mehl, Speisestärke, Brot, Semmelbrösel oder eiskalter Butter bzw. reduzieren erreicht werden.

Schmoren Beim Schmoren werden die Zutaten in relativ wenig Flüssigkeit gegart, um ihren Geschmack zu konzentrieren und anschließend aus der verbliebenen Schmorflüssigkeit eine Sauce zu entwickeln. Besonders bei zähem Fleisch eignet sich diese Garmethode, die allerdings Zeit und Geduld erfordert. Das Fleisch wird langsam bei niedriger Temperatur schonend gegart, sodass die darin enthaltenen harten Proteine weich werden und die Aromen sich entwickeln können. Diese Zubereitungsmethode ist für jegliche Form von Ragouts und Eintopfgerichten geeignet, als Kurzschmorgerichte können auch Gemüse, Fisch, Krustentiere und Geflügel zubereitet werden.

Semmelbrösel Aus altbackenem (abgelagertem) Brot hergestellte Krümel zur Herstellung von Panaden und zum Andicken von Saucen.

Teigling Aus Teig frei individuell geformter oder in Formen, z. B. Körben oder Schüsseln, zur Stückgare abgelegter Brotlaib.

TL Teelöffel (leicht gehäuft)

Tranchen Scheiben, die aus Fleisch oder Brot geschnitten werden, ca, 1–3 cm stark.

Zum Weiterlesen

D. AICHELE, M. GOLTE-BECHTLE: Was blüht denn da? Wildwachsende Blütenpflanzen Mitteleuropas. Stuttgart 1997.

F. AUDOUZE, O. BUCHSENSCHUTZ: Villes, Villages et Campagnes de l'Europe celtique. Paris 1989.

F.E. BARTH: Die Leibspeise der Althallstätter Bergleute.In: Bohnengeschichten. Katalog zur Ausstellung. Hallstatt 1992, 56–64.

N. BENECKE: Der Mensch und seine Haustiere. Die Geschichte einer Jahrtausende alten Beziehung. Stuttgart 1994.

H. DANNHEIMER, R. GEBHARD (Hrsg.): Das keltische Jahrtausend. Ausstellungskatalog, Archäologische Staatssammlung München. Mainz 1993 (2. Aufl.).

S. G. FLEISCHHAUER: Enzyklopädie der essbaren Wildpflanzen. Aarau/München 2005.

D. HENSCHEL: Essbare Wildbeeren und Wildpflanzen. Stuttgart 2002.

R. HERING: Lexikon der Küche. Gießen u. Leipzig 1997.

S. JAMES: Das Zeitalter der Kelten – Die Welt eines geheimnisvollen Volkes. Düsseldorf 1996.

T. F. KLEIN: Wege zu den Kelten. 100 Ausflüge in die Vergangenheit. Stuttgart 2004.

U. KÖRBER-GROHNE: Nutzpflanzen in Deutschland. Kulturgeschichte und Biologie. Stuttgart 1987.

U. KÖRBER-GROHNE: Pflaumen, Kirschpflaumen, Schlehen: Pflanzen und ihre Geschichte seit der Frühzeit. Stuttgart 1996.

K.-H. KNÖRZER et al.: Pflanzenspuren. Archäobotanik im Rheinland. Köln/Bonn 1999.

M. KUCKENBURG: Die Kelten in Mitteleuropa. Stuttgart 2004.

LANDESDENKMALAMT BADEN-WÜRTTEMBERG (Hrsg.): Der Keltenfürst von Hochdorf. Methoden und Ergebnisse der Landesarchäologie. Ausstellungskatalog Stuttgart 1985.

J. MALITZ: Die Historien des Poseidonios. München 1983.

B. NIEDERMAYR: Tischsitten und Speisen der Kelten. Die Kelten. Entwicklung, Sprache und Geschichte. Pax et gaudium 5. 2001,63.

L. PAULI: Zu Gast bei einem keltischen Fürsten. Mitteilungen der Anthropologischen Gesellschaft Wien 118/119, 291-303. Wien 1988/1989.

S. RIECKHOFF, J. BIEL: Die Kelten in Deutschland.Stuttgart 2001.

G. SCHERF: Wildfrüchte und Wildkräuter. München 2004.

S. SIEVERS: Manching – Die Keltenstadt. Stuttgart 2003.

Danksagung

An erster Stelle danke ich meinen Eltern, die meine Arbeit immer nachhaltig unterstützt und gefördert haben und denen ich deshalb diesen Band gerne widmen möchte.
Dem Konrad Theiss Verlag Stuttgart, seinen Mitarbeiterinnen und Mitarbeitern, ganz besonders Jürgen Beckedorf verdanke ich eine sehr gute Betreuung und Beratung bei der Umsetzung meiner Ideen zu „Keltische Kochbarkeiten".
Herrn Prof. Hans-Eckart Joachim (Bonn) möchte ich sehr herzlich für seine Bereitschaft danken, mich fachkundig zu beraten und das Vorwort für dieses Buch zu schreiben.
Ebenfalls bedanken möchte ich mich bei meinem Freund Jens Dummer (Jülich), für die Illustrationen, Fotoarrangements, Textberatung und seine unermüdliche, überaus geduldige Unterstützung. Dies gilt auch für Klaus Fabritius (Köln), dessen Hilfsbereitschaft und Nerven sicherlich oft von mir strapaziert wurden bei Computerproblemen und Bildbearbeitung.
Hilfreiche Anregungen, konstruktive Kritik sowie technische und moralische Unterstützung verdanke ich darüber hinaus folgenden Personen: Achim Bundschuh (Köln); Stephanie Brown (Köln); Dieter Dickmann (Langerwehe); Gunter Dinger (Köln); Johanna Dummer (Annweiler); Karl-Otto Dummer (Lütjenburg); Wilfried Eckstein (Köln); David Eichler (Köln); Axel Emmendorffer (Pier); Jessica Fabritius (Köln); Horst Gohlke (Köln); Anne Kistowski (Köln); Catherine Krahn (Jülich); Dr. Stephan A. Lütgert (Hamburg); Franz-Josef Reuter (Köln); Jürgen Weiner M.A. (Pulheim); Ralf Wandrey (Niederzier); Hannelore Wellstein (Köln); Max Wolters (Köln).
Abschließend danke ich allen, hier nicht namentlich genannten Freunden, Bekannten und Besuchern die teilgenommen haben an meinen Kochversuchen bzw. Vorführungen und so mutig waren, mir ihr Vertrauen zu schenken, die Ergebnisse zu testen, wertvolle Tipps und Verbesserungsvorschläge zu liefern und sich trotz manchmal recht abenteuerlich anmutender Rezepturen und deren Umsetzung immer noch bester Gesundheit erfreuen.

Zum Autor

Achim Werner, geboren 1956 in Schalksmühle (Sauerland) studierte an den Universitäten Bochum und Köln die Fächer Ur- und Frühgeschichte, Geologie und Völkerkunde. Bereits zu Beginn der 1980er Jahre beschäftigte er sich intensiv mit Fragestellungen der zu dieser Zeit im deutschsprachigen Raum noch relativ unbekannten experimentellen Archäologie und führte entsprechende Rekonstruktionsversuche durch. Angeleitet und nachhaltig unterstützt durch Prof. Dr. Jens Lüning konnte er u. a. Untersuchungen zu jungsteinzeitlichen Backofenbefunden und deren modellhafter Rekonstruktion durchführen. Dies war auch Thema seiner Magisterarbeit, die er 1985 am Kölner Institut für Ur- und Frühgeschichte bei Prof. Dr. Gerhard Bosinski ablegte.
In den folgenden Jahren schlossen sich experimental-archäologische Untersuchungen u. a. zu prähistorischem Bronzeguss, Eisenverhüttung in Rennfeueröfen, neolithischem Keramikbrand, römischen Brandbestattungen oder zur Kleidung und Ausrüstung der jungneolithischen Gletschermumie „Ötzi“ an. Die Ergebnisse wurden in entsprechenden Fachbeiträgen veröffentlicht und dienten gleichzeitig als Grundlage für eine Vielzahl museumspädagogischer Aktivitäten. Hierbei setzt Achim Werner mittlerweile einen Schwerpunkt im Bereich prähistorischer Ernährung. Das große Interesse des Publikums bei öffentlichen Veranstaltungen und Vorführungen zu diesem Thema hat dazu geführt, dass er in seinem Buch „Steinzeit–Mahlzeit“ (Oldenburg 2004) mit nachempfundenen, wissenschaftlich fundierten Rezeptvorschlägen koch- und experimentierfreudigen Leserinnen und Lesern eine kulinarische Exkursion in die Jungsteinzeit ermöglichte.
Die überaus positive Resonanz auf das Steinzeitkochbuch hat ihn ermutigt, den Themenkreis zu erweitern und sich nunmehr mit der Ernährung in keltischer Zeit zu beschäftigen.

Adresse des Autors: Achim Werner M.A.
Moltkestr.49
50674 Köln

Aktuelle Infos: www.keltenkoch.de

Rezeptregister

Apfel-Mohn-Hirse ... 70
Apfel-Möhren-Suppe mit Met und Dill ... 18

Bärlauchsuppe ... 16
Bohnensalat mit Scharbockskraut ... 28
Brennesseleintopf mit Erbsen und Wurst ... 39
Brennesselgemüse mit pochierten Eiern ... 36
Brennessel-Giersch-Suppe mit Lachs ... 19
Brennesselsuppe mit Wiesenkerbel ... 17

Dinkelbrot mit Bärlauch ... 21
Dinkelbrot mit Haselnüssen und Mohn ... 23
Dinkelkringel mit Honig und Mohn ... 69
Dinkelpfannkuchen mit Bärlauch und Schafskäse ... 34

Eiersalat mit Rettich und Speck ... 26

Feldsalat mit Himbeeren und Speck ... 24
Fischeintopf ... 51
Flusskrebsschwänze in Wiesenschaumkrautsauce ... 50

Gegrillte Koteletts mit Blutwurstsauce ... 67
Gegrillte Nackenkoteletts mit Wildkräutersauce ... 60
Gegrillte Rinderleber mit Apfel-Speck-Sauce 62
Gegrillter Schweinebauch mit Brombeersauce ... 66
Gegrillter Schweinebauch mit Möhren-Met-Sauce ... 64
Geschmorte Kalbsleber mit Salbei ... 47
Grillkoteletts mit Rettich-Kresse-Sauce ... 61

Hähnchenbrustfilets in Steinpilz-Bärlauch-Sauce ... 55
Hähnchenleber mit Linsen ... 54
Hähnchenschenkel in Waldmeister-Met-Sauce ... 56
Himbeeren mit Minze in Sauerrahm ... 71
Hirschgulasch in Holundersauce ... 57
Hirse mit Kresse ... 37
Honigquark mit Haselnüssen und Birnen ... 72

Karamelisierte Weintrauben mit Apfelmus .. 73
Keltische Wurstpfanne ... 47
Kohlsalat mit Äpfeln, Kochschinken und Dost ... 25

Lachssteaks vom Grill mit Raukepesto ... 52
Lammlachse mit Champignon-Kräuter-Kruste ... 45

Met ... 75
Möhrenbratlinge mit Ei und Thymian ... 33
Möhrenbrot ... 20
Möhrengemüse mit Waldhonig, Mohn und Thymian ... 38

Pilzragout ... 31
Pochierte Rinderhüfte in Weinsauce ... 44

Quarkbratlinge mit Haselnüssen ... 32

Raukesalat mit Roastbeef und Birnen ... 29
Rehrücken in Metmarinade ... 58
Rinderfilet in Bier-Kresse-Sauce ... 43
Rinderrouladen mit Bohnen-Lauch-Püree-Füllung ... 49
Ritschert ... 40
Rumpsteaks mit Erbsen-Minze-Püree ... 63
Rumpsteaks mit Pfifferlingsauce ... 65

Salbeibratwurst mit Bärlauchsenf ... 68
Sauerbraten vom Ochsenschwanz ... 48
Schafskäsebällchen mit Dinkel und Dost ... 35
Schwarzwurzelsalat mit Giersch, Lauch und Ziegenkäse ... 27
Schweinefilet in Schinken-Kresse-Mantel ... 46
Schweinegulasch mit Möhren und Thymian ... 41

Thymianbrot ... 22

Welsfilets mit Dillkruste ... 53
Wildkräuterrührei mit Speck ... 30
Wildkräutertee ... 74
Wildschweinkeule mit Linsen in Bier ... 59

Falls nicht ausdrücklich anders angegeben, beziehen sich die Zutatenmengen auf Gerichte für vier Personen.